화장실 수학탐험대

집에서 깨우치는 수학의 원리

1편: 계산, 부피, 곡선

집에서 깨우치는 수학의 원리

화장실 수학탐험대

1편: 계산, 부피, 곡선

박병하 지음

행성B

Contents

화장실에 들어가며
화장실 수학 탐험대 대원이 되었어! ······ 07

1부   문

01 이상한 나라의 화장실 ·· 17
02 거대한 문에서 만난 '지렛대'와 '직각' ································ 22
03 문에는 '회전'과 '나선'이 있어 ·· 28
04 상상의 시소로 알아보자, '지렛대' ······································ 32
05 개미 한 마리가 지구만큼 무거울 수 있다니! ····················· 38

2부   화장실이라는 방

01 타일에서 '정사각형'을 발견했어 ·· 45
02 사각형에도 '황금'이 있다니! ·· 50
03 화장실의 길이를 재보자. '대충'은 안 돼 ··························· 58
04 미터(m), 수학은 약속이야 ··· 62
05 곱셈, 여러 방법으로 곱해보자 ·· 65
06 비율, 작은 숫자로 큰 숫자에 다가가! ································ 68
07 최대 공약수, 하늘이 두 쪽 나도 변하지 않아 ··················· 73
08 넓이, 다양한 계산법! 다르게 보면 더 잘 보여 ················· 79
09 부피, 화장실에 상자를 몇 개나 넣을 수 있을까? ············· 83

3부 욕조와 샤워기

01 밀도, 비눗갑 배는 왜 물에 빠지지 않을까? ········ 91
02 부력과 부피, 몸집을 크게 하면 물에 더 잘 떠 ········ 95
03 포물선, 샤워기 물은 곡선으로 떨어져 ········ 101
04 나선, 욕조 물이 빠지려면 소용돌이가 필요해 ········ 106

4부 화장실 속 나선

01 스크루 펌프, 회오리 감자 모양이 물을 끌어올린다 ······ 111
02 날개, 비행기와 헬리콥터도 나선이 필요해 ········ 115
03 나사못, 빙글빙글 돌면 힘이 세져 ········ 119
04 환풍기, 화장실에 숨은 바람의 나선 ········ 123
05 용수철, 샴푸가 나오는 건 나선과 압력 덕분이야 ········ 127
06 나선은 어떻게 만들까? ········ 130

수학 탐험대의 방학
생각하는 것이 즐거워졌어! ······ 133

 등장인물

수아

초등학교 6학년. 수학은 수업 중인 교실에만 있다고
생각하던 수포 예비생 출신.
하지만 이모와 수학 탐험을 하면서
조금씩 변화하기 시작한다.
정확하게 생각하고 수식을 계산하는 것이 편해졌다.
'어? 세상엔 얼마나 많은 수학이 있는 거야!'

지호

초등학교 3학년. 수아의 동생.
수학을 잘 모르지만 몰라서 재미있다. 수학 탐험대는
놀이를 많이 해서 좋다.
신나게 놀았는데 수학도 알게 되었네!

소냐 이모

세상을 수학으로 보기를 즐기고 아르키메데스 님을 사랑한다.
수학 탐험대를 이끌며 화장실 속에 숨어 있는 수학을 보여준다.
'주머니'라고 부르는 가방을 항상 갖고 다니는데
이모의 주머니는 도르래, 밧줄, 상자, 칠판까지 나오는
신기한 물건! 이모는 항상 외친다.
"다르게 보면 더 잘 보인다. 세상에는 어디에나 수학이 있다!"

화장실에 들어가며

화장실 수학 탐험대 대원이 되었어!

내 이름은 수아. 나도 한때는 수학을 좋아했다. 그런데 점점 수학이 싫어진다. 이상한 것들이 자꾸 나온다. 분수 $\frac{1}{2}$만 해도 그렇다. 그것은 절반을 나타내는 수다. 그런데 생각하면 좀 이상하다. 막대 하나를 절반으로 나누면 막대는 2개가 된다. 그런데 무엇이 $\frac{1}{2}$이라는 걸까? 작아진 막대도 '하나' 아닌가? 게다가 $\frac{1}{2}$이 $\frac{2}{4}$와 같다고 한다. $\frac{3}{6}$도 같다. 그것도 이상하다. 수 하나를 왜 이렇게도 나타내고 저렇게도 나타낼까? 그게 다가 아니다. 절반을 뜻하는 수는 소수 0.5도 있다. 같은 수를 나타내는 방법이 왜 그렇게 많을까?

그런 수들을 더하고 빼는 방법은 더 이상하다. 소수끼리 더할 때는 자리를 맞춰 더하면 되는데 분수끼리 더할 때는 복잡하다. 같은 수라면서 더하는 과정이 왜 다를까? 그래도 그건 좀 나은 편이다. 처음에는 어려웠지만 선생님이 잘 가르쳐 주셔서 지금은 틀리지 않고 계산할 수 있다. 그런데 얼마 전에 들은 이야기는 정말 어이가 없었다.

$\frac{1}{2}$ 나누기 $\frac{1}{6}$ 을 하려면 뒤에 있는 $\frac{1}{6}$ 을 뒤집어서 6으로 만든 다음 그것을 앞에 있는 $\frac{1}{2}$ 과 곱한단다! 그게 말이 되나? 나누기는 나눠 주는 것이다. 6 나누기 2는 빵 6개를 2명이 똑같이 나눠 갖는 거다. 그런데 $\frac{1}{2}$ 나누기 $\frac{1}{6}$ 이라니? 빵 반 개를 $\frac{1}{6}$ 명에게 어떻게 나눠 주나? $\frac{1}{6}$ 명이 도대체 어디에 있느냐 말이다. 더 웃긴 건 $\frac{1}{2}$ 나누기 $\frac{1}{6}$ 이 갑자기 3이라는 거다. 1보다 작은 수를 나누었는데 답이 3이라니! 말도 안 된다.

그 이야기를 해준 내 친구는 그것을 미리 배웠다고 했다. 비례식도 안다고 뻐겼다. "너는 그런 거 모르지?" 그러면서! 뭐라더라? 1 대 2는 2 대 4라고 했다. 그것을 기호로 1:2=2:4라고 쓰는데 1 대 2는 3 대 6도 된다나? 그래서 1:2=2:4이고 1:2=3:6이어서 2:4=3:6이라나 뭐라나 그랬다. 게다가 안쪽에 있는 두 수를 곱한 값이 바깥쪽에 있는 두 수를 곱한 값과 항상 같다고 했다. 정말로 1:2=2:4에서 안쪽 두 수인 2와 2

를 곱하면 4이고 바깥쪽 두 수 1과 4를 곱하면 4이다. 그리고 1:2=3:6에서 2 곱하기 3은 6이고 1 곱하기 6도 6이긴 하다. 2:4=3:6에서도 계산하면 12와 12로 같다! 그 말을 하면서 친구가 얼마나 잘난 척하던지! 안쪽에 있는 두 수를 곱한 값이 바깥쪽에 있는 두 수를 곱한 값과 항상 같다고 말할 때는 '항-상-'을 크고 길고 느끼하게 발음했다. 그건 중요하다고 꼭 외워야 한다고까지 했다.

짜증이 났다. 친구가 잘난 척하는 거는 괜찮다. 자기가 수학 천재라면서 자주 그러니까. 내가 질문 몇 개 하면 금방 꼬리를 내릴 거니까. 안 해봐도 다 안다. 그런데 그 두 값은 왜 같지? 그게 왜 중요하지? 아니, 대체 왜 그런 걸 배워야 해? 그걸 모르겠어서 짜증 났다. 앞으로 수학에 그런 게 나오고 그런 걸 배워야 한다니, 벌써부터 왕짜증이다!

학교를 마치고 집에 와 엄마에게 물었다.

"엄마, 우리는 수학을 왜 배우는 거예요?"

엄마는 저녁에 아빠가 오시면 여쭤보라고 하셨다. 아빠는 수학 공부를 열심히 했으니까 답을 아실 거라면서. 그런데 아빠의 말씀도 큰 도움이 되지 않았다. 정리해보면 결국 이거였다.

공부를 잘하려면 수학을 잘해야 하고,
수학을 잘하려면 계산을 잘해야 하고,
계산을 잘하려면 많이 풀어 봐야 한다.

납득이 안 되었지만 그냥 넘어가기로 했다. 고개를 끄덕이긴 했다. 하지만 엄마는 내 표정만 보고도 다 아셨다. 그리고 저녁에 엄마가 누군가와 통화하는 소리가 들렸다.
"언니, 나야."
엄마의 언니, 그러니까 내게는 이모다. 엄마는 이모에게 전화하신 거다.

이모를 만난 적은 없다. 내가 아주 어렸을 때 잠시 우리 집에서 함께 살았다는데 기억은 나지 않는다. 이모는 어느 날 수학을 배우고 싶다며 훌쩍 외국으로 떠났다고 한다. 벌써 10년이 지난 일이다. 이모는 하고 싶었던 공부를 실컷 하고 돌아왔다. 수학 공부만 한 게 아니라 아프리카 사막에서 살기도 하고 히말라야 높은 산에서도 살았다고 했다. 할머니와 할아버지는 가끔 이모 이야기를 걱정스럽게 하면서 끝에 이런 말을 꼭 붙이셨다.
"걔가 수학에 미쳐서…."

이모는 그림 그리기를 좋아했고, 힘이 셌고, 암벽 등반을 하는데다, 툭하면 기계를 분해했다고 한다. 그러다가 수학 공부를 하겠다고 다른 나라로 날아가 버리다니. 그것도 10년씩이나! 종종 한국에 방문할 때면 이모는 특이한 옷을 입고 이상한 머리 스타일을 했다고 한다. 웃음소리도 무척 커서 사람들이 쳐다볼 정도라고. 한국에 돌아온 이모를 아직 만난 적은 없다. 이모를 본다고 생각하니 조금 무섭기도 했다.

하지만 이모네 집에 가서 만나본 이모는 정상이었다. 여러 색깔로 머리를 염색하고, '주머니'라고 부르는 가방을 들었다는 걸 빼고는 말이다. 이모는 누구 앞에서도 가방을 완전히 열지 않았다. "이 주머니에는 말이야", "그러니까 이 주머니로 말할 것 같으면" 하면서 속을 보여주지 않았다.

이모는 한국 이름이 있는데도 소냐 이모라고 불러 달라고 했다. 그때 동생 지호가 물었다.

"소요?"

"소.냐. S.O.N.Y.A. 쏘냐라고 발음하면 돼."

이번에는 내가 되물었다.

"쏘냐?"

"뭐? 얘들 좀 봐. 처음 만난 이모를 놀릴 줄도 아네?"

이모는 웃더니 우리의 볼을 꼬집었다. 귀엽다고 그런 것 같은데 꽤 아팠다. 이로써 세 가지를 알게 됐다. 이모의 이름은 소냐이고, 우리를 좋아하고, 그리고 힘이 무지 세다.

"좋았어. 너희 아주 마음에 든다. 나도 이제 대비를 잘해야겠는걸. 똑똑한 조카님들, 당하고만 있지는 않을 겁니다."

이모가 좋아하는 소피아 코발렙스카야. 러시아 수학자이고 미분 방정식 등을 연구한 굉장히 중요한 수학자라고 했다. 1850년에 태어나 1891년까지 살았다.

이모는 왜 소냐라는 이름을 갖게 되었는지 말해주었다. '소냐'는 이모가 좋아하는 수학자의 이름이라고 한다. 수학자 소냐의 진짜 이름은 소피아다. 소피아는 러시아에서 1850년에 태어났다. 그때만 해도 여자는 수학 공부를 안 했는데, 소피아는 수학 공부를 했고 독일로 유학까지 갔다. 당시에는 그런 일이 흔치 않았다. 아무도 소피아를 말릴 수 없었다.

소피아는 수학을 아주 잘해서 세계 최초로 여성 수학 교수가 되었다. 세계 최초, 여성, 수학, 교수. 소피아는 유명해졌다.

소피아는 글을 잘 쓰는 작가이기도 했다. 수학자이자 작가라니! 소피아라는 이름을 러시아에서는 '소냐'라고 부르기도 한다. 소피아는 스웨덴에서 교수가 되었을 때, 자신의 이름을 소냐라고 썼다. 소냐 이모는 한참 이런 이야기를 하다가 놀란 듯 말을 멈추며 말했다.

"아이고, 내 정신 좀 봐. 수학이 우릴 기다리는데 뭐하고 있니. 이제 만나러 가자!"

문

이상한 나라의 화장실

"나는 수학이 어디에나 있다고 생각하는데, 수아는 그렇게 생각하지 않나 보네?"

이모가 물었다. 엄마가 이야기하셨나 보다. 나는 솔직하게 답했다.

"맞아요. 수학을 어디에 써요? $\frac{1}{2}$ 나누기 $\frac{1}{6}$ 이라니. 원의 넓이는 왜 구해요? 원기둥이나 원뿔의 부피도 왜 알아야 하는지 모르겠어요. 2 대 3은 4 대 6, 뭐 이런 거 왜 하는지 어렵기만 해요. 그걸 또 안쪽 수끼리 곱하고 바깥쪽 수끼리 곱하고…."

"수아가 공부하느라 힘들었구나? 내 생각은 수아랑 다른데.

지호도 누나처럼 생각하니?"

"아뇨, 전 수학이 재미있어요. 코끼리를 냉장고에 넣을 때도 미적분학을 쓴대요. 미적분학이 수학의 꽃이라던데요?"

지호의 잘난 척은 정말 못 말린다. 얼마 전에 엄마한테 수학이 어렵고 재미없다고 징징댈 때는 언제고! 얄미워서 꿀밤을 먹이려고 했더니 이모 뒤로 숨으며 혀를 날름 내밀었다.

"미적분? 수학의 꽃? 코끼리? 냉장고? 누가 그래?"

지호의 말에 이모는 손뼉을 치며 깔깔 웃었다. 나는 그냥 집에 가고 싶었다. 그때 이모가 나를 살피더니 진지하게 말했다.

"수아는 수학이 재미없고 어려웠나 보다. 사실 수학은 어려워. 하지만 어려워서 재미있거든. 그래도 수아가 싫다면 싫은 거지. 모든 것을 다 좋아하고 잘할 수는 없으니까. 하지만 '수학을 왜 하는지 모르겠다', '수학은 어디에도 없다'와 같은 것은 잘못된 생각이야. 싫어하는 것과 잘못 생각하는 것은 다르거든. 이모가 수학을 제대로 보여주고 싶은데, 가만 보자…."

이모는 검지를 하늘로 들어 올리며 말했다.

"그래, 거꾸로 생각하는 게 좋겠다. 세상에서 수학이 가장 없는 곳은 어디라고 생각하니?"

지호는 주위를 쭉 둘러보더니 답했다.

"화장실이요!"

내 생각에 수학은 교실에만 있고 그 외엔 어디에도 없다. 하지만 대답하기 귀찮아서 가만히 있었다. 이모는 화장실 안에 숨은 수학을 불러내면 어쩌겠냐고 물었다. 지호는 실실 웃었고 나는 못 들은 척 천장만 봤다.

"좋아! 화장실 수학 탐험이다. 걱정 마. 화장실 대청소했어. 부엌보다 깨끗할걸?"

우리가 화장실을 선택할 걸 이모는 예상했나? 어리둥절해 있는데 이모가 노래를 부르며 행진을 시작했다.

렛츠 고 화장실을 향하여, 토.마.아드
저기 저 화장실을 향하여, 토.마.아드
샅샅이 꼼꼼히 수학을 찾아내러
토.마.아드, 우리는 화장실 수학 탐험대

이모는 나팔 소리와 북소리까지 내며 뒤뚱뒤뚱 춤을 췄다. 이모는 진짜 제정신이 좀 아닌 것 같다. 화장실 수학 탐험대라고? 토마아드는 또 뭐지? 차라리 수학 시간이 낫겠어. 괜히 왔다. 빨리 집에 가고 싶다. 화장실 앞에 도착하자 이모는 더 이상해졌다. 말이 점점 빨라지고 눈에서 빛이 나왔다.

"사람이 하루에 화장실에서 보내는 시간은 얼마 안 되지? 하지만 화장실은 정말 중요해. 온종일 먹었던 것이 빠져나가고, 더럽혀진 몸도 씻을 수 있으니까. 화장실은 더러운 곳이 아니라 우리를 깨끗하게 해주는 곳이지. 나는 화장실이 좋아. 가끔 문을 닫고 조용히 앉아서 생각에 잠기기에 그만이거든. 또 촛불 하나 켜고 욕조에 누우면 얼마나 편한데."

이제는 정말 집에 가야겠다고 말하려는데 이모는 한술 더 떴다. 우리가 작아져야 한다는 거였다.

"우리가 제대로 화장실 수학 탐험을 하려면 아주 작아져야 해. 유명한 말도 있잖아. 다르게 보면 더 잘 보인다!"

"누가 말했는데요?"

지호가 묻자 이모는 바로 답했다.

"방금 내가 말했지."

그러더니 알쏭달쏭한 말을 또 했다. 작아지면 그동안 보던 것들이 다르게 보일 거라고. 평소에 못 가던 곳까지 갈 수 있다고. 잘 보려면 가까이 다가가야 한다고.

지호도 당황했는지 나를 보고 고개를 절레절레 흔들었다.

"걱정하지 마. 소냐 이모가 누구니. 다 준비해 두었지."

이모는 주머니에서 금박지로 싼 작은 구슬을 꺼냈다.

"이게 바로 이상한 나라의 앨리스가 먹고 작아진 그 약이야."

이상한 나라의 앨리스? 집에서 그 책을 본 적이 있다. 물론 제대로 읽지는 않았다. 그때 지호가 이모에게 물었다.

"앨리스가 누구예요?"

"지호가 앨리스를 모르는구나? 앨리스라는 아이가 어느 날 이상한 토끼를 따라가서 이상한 땅속 나라로 들어가거든. 이상한 고양이, 이상한 도마뱀 같은 동물들과 이상한 여왕을 만나는 이상한 이야기야. 앨리스가 그 이상한 나라에서 약을 먹고 몸이 작아져. 앨리스에게 부탁해서 약을 좀 얻어왔지."

《이상한 나라의 앨리스》라는 책을 쓴 작가는 수학자인데 이모도 언젠가는 그런 책을 한 권 쓰고 싶다고 말하면서 금박지를 벗기고 약을 꿀꺽 삼켰다.

'그 책 제목은 《이상한 나라의 소냐》라고 하면 되겠네.'

내가 그 생각을 다 하기도 전에 이모는 작아졌다. 나와 지호도 약을 먹었는데 약은 초콜릿 맛도 나고, 사과 맛도 나고, 비섯 맛도 났다. 갑자기 속이 매스껍더니 목이 길어졌고 다리가 짧아지더니, 순식간에 온몸이 줄어들었다.

거대한 문에서 만난
'지렛대' 와 '직각'

모든 게 너무 컸다. 이모의 책장과 그 안의 책도 나보다 몇 배나 컸다. 글자 하나가 의자만 했다. 이모 말대로 작아지니까 진짜로 전부 다르게 보인다. 우리는 화장실 문 앞에 섰다. 화장실 문이 너무 크고, 손잡이는 너무 높이 달려있다. 이모는 주머니에서 밧줄을 꺼내 묶더니 휙 던져서 손잡이에 걸었다. 그런데 손잡이는 움직일 듯 움직이지 않았다. 이모는 다시 주머니에서 무언가를 꺼내어 밧줄에 걸더니 당기기 시작했다. 그제야 손잡이가 돌아갔다.

이모는 그게 '도르래'라고 했다. 도르래? 그게 뭐지?

　잠깐! 지금 이 책을 읽는 친구 중에는 이모의 주머니에 어떻게 밧줄이 들어갈 수 있는지 궁금한 사람도 있을 텐데, 그건 나도 모르니까 묻지 말라고 부탁하고 싶다. 이모한테 몇 번이나 물어보아도 알려주지 않았기 때문이다. 탐험하는 동안 이모의 주머니에서는 무엇이든 나왔다. 수학 공부와 히말라야 등반, 사막 탐험 같은 일로 10년을 보낸 이모는 뭐든 할 수 있는 것 같았다.

　화장실 탐험을 하려면 화장실 안으로 들어가야 하는데 문이 너무 커서 우리 힘으로는 도저히 안 될 것 같았다. 이모가 한 말이 이거였구나. 작아지니까 예전에는 생각 안 했던 것들을 생각하게 된다. 문이 저렇게 컸구나. 그럼 엄청 무거울 텐데 우리는 그동안 어떻게 문을 쉽게 열었을까?

　내가 그런 생각을 하는 사이 지호는 문을 열려고 낑낑대는 중이다. 그러나 문은 산처럼 우뚝 서서 꼼짝도 하지 않는다. 이모의 목소리가 들렸다.

　"수아야, 너도 밀어 봐. 힘을 합치자."

　소용없을 거라고 말하고 싶었지만 귀찮아서 돕는 시늉을 했다. 그런데 문을 밀기 시작하니까 오기가 생겼다. 저절로 손에 힘이 들어가더니 온 힘을 다해 문을 밀게 되었다. 잘하면 열릴 수도 있겠는데? 그러나 문은 움직이지 않았다.

"힘들지?"

이모는 땀을 닦으며 웃었다.

"자리를 옮겨서 다시 해보자."

이모는 앞장서서 문의 손잡이 쪽으로 이동했다. 밧줄을 넘어 우리도 그쪽으로 갔다. 안에서 불빛이 새어 나왔다. 이번에도 지호가 먼저 문을 밀었다. 혼자였다. 그런데 세상에! 문이 스르륵 열리는 거였다! 똑같은 문이 저쪽에서 밀 때는 그렇게 힘들

었는데, 왜 이쪽에서는 이렇게 쉽지? 물어보지도 않았는데 이모가 답을 했다.

"이게 바로 지렛대의 원리야. 수학 없이도 이런 경험을 통해 옛날부터 사람들은 알고 있었어. 그런데 수학이 없으니 자세하게 알진 못했지. 아르키메데스 님이 이 원리를 수학으로 알게 해주신 거야."

드디어 수학이 나왔다. 근데 아르키… 뭐라고? 사람 이름 같은데!

작아진 우리에게는 화장실 바닥으로 이동하는 것도 큰일이었다. 우리가 선 곳에 비하면 화장실 바닥이 한참 낮았으니까. 이모가 먼저 미끄러지듯 내려갔고 아래에서 우리를 도와주었다. 드디어 화장실 입장 완료! 이모는 주머니에서 레이저 포인터를 꺼내 문과 벽이 만나는 곳을 가리켰다.

"저기 벽과 문을 잇는 쇠로 된 판이 보이지? 위에 2개가 있고 아래에 하나가 있네. 저걸 '경첩'이라고 불러. 경첩들이 이 거대한 문을 잡아주고 있는 거야. 고작 3개로 말이야. 대단하지? 다만 경첩이 잘 잡아주려면 문은 직각으로 서 있어야 해."

이모는 '직각'을 또박또박 끊어서 크게 말했다. 그런데 직각이 뭐였더라?

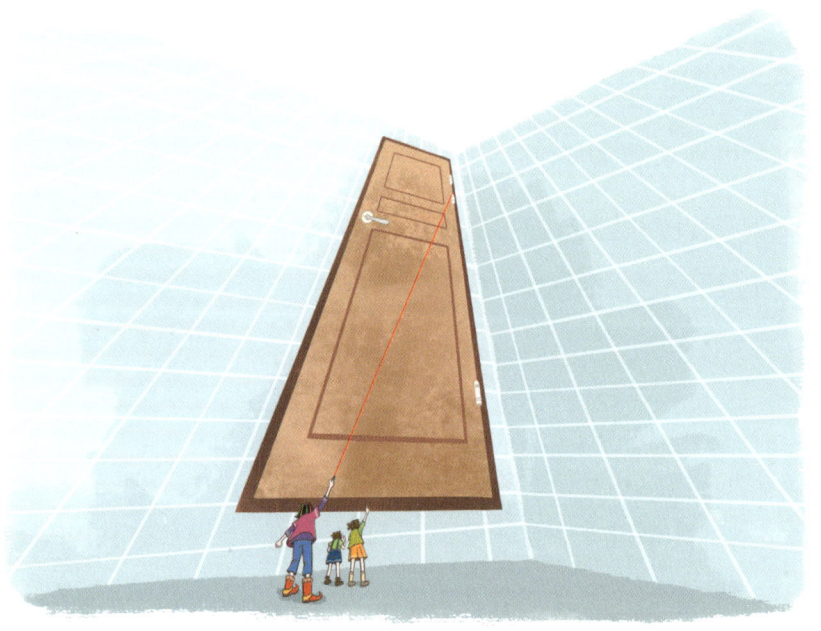

"직각. 나도 알아요, 직각."

지호가 이모 말투를 흉내 내며 끼어들었다. 이모는 설명을 계속했다. 직각은 똑바로 서 있는 각인데 지금 보다시피 바닥과 벽이 직각이고 벽과 문이 직각이고 바닥과 문이 직각이다. 비스듬하게 기울어진 게 없다. 만약 조금이라도 기울어지면 넘어지기 쉽다.

그러면서 이모는 기우뚱하게 앞으로 섰다. 우리도 이모를 따라 비스듬하게 몸을 기울였더니 앞으로 꽈당 넘어졌다. 이모는 깔깔 웃으며 옆으로도 기우뚱 섰다. 넘어질 듯 넘어질 듯 넘어지지 않았다. 그러다가 이모는 주머니에서 추를 꺼냈다. 실에 추를 달자 추는 조금 흔들리더니 멈추었다.

"우리가 사는 지구 중심으로 이 추가 똑바로 내려가. 우리가 선 바닥은 거의 평평하니까 이 추는 바닥을 향해 직각으로 내려가는 거지. 추를 내린 이 실이 바닥과 직각이라는 뜻이야. 그럼 정말 문이 바닥과 직각인지 볼까?"

추를 단 실을 문에 대 보았다. 둘은 완전히 겹쳤다. 맞다. 문과 바닥은 직각이다. 그런데 문은 가만히 서 있는 게 아니라 열리고 닫혀야 한다. 직각으로 서 있는 문이 열리고 닫히게 도와주는 것이 바로 경첩이다. 이모가 주머니 안에 손을 넣자 경첩이 나왔다. 문에 달린 것과 똑같은 모양이었다.

문에는 '회전'과 '나선'이 있어

 우리에게는 기둥처럼 보일 뿐이지만 사실 경첩은 복잡하다. 넓적한 큰 판과 작은 판이 날개처럼 문과 문틀에 붙어 있다. 큰 판은 문틀에 붙어 있고, 작은 판은 문에 붙어 있다. 이 판들이 가운데 기둥을 중심으로 접혔다 펴지면서 문이 열리고 닫힌다.

 "문이 열릴 때 펴지고 문이 닫힐 때 접힌다. 넓적한 판들이 나비의 날개라면 가운데 있는 기둥은 나비의 몸통이다."

 이모는 그렇게 말하면서 그 표현이 마음에 들었는지 이어서 이렇게 말했다.

 "문이 열릴 때마다 나비가 날았던 거야. 그동안 몰랐네."

왼쪽 : 문을 닫았을 때 방 안에서 보이는 경첩
오른쪽 : 문을 열 때 방 바깥에서 보이는 경첩

문을 지탱하고 쉽게 열리도록 도와주는 '경첩'. 큰 판은 문틀에, 작은 판은 문에 붙어 있다. 경첩에 매달린 문이 경첩의 축을 따라 회전한다.

문이 나비라고? 이모는 수학에 미쳤다고 했는데 인제 보니 수학에만 미친 게 아닐지도 몰라. 그런데 문이 열릴 때마다 나비가 난다는 말은 멋지다. 이모는 가운데에 있는 기둥을 짚으며 수학에서는 이런 부분을 '축'이라 부른다고 했다. 이모는 정확하게 생각해야 한다며 잠시 멈췄다가 이어서 말했다.

"경첩에 매달린 문이 경첩을 따라 회전한다. 그게 중요해. 모양이 다른 경첩도 물론 있지. 하지만 원리는 같아. 그게 뭐냐? 바로, 바로…"

이모는 거기서 잠깐 뜸을 들이더니 또박또박 말했다.

"축과 회전!"

이모에게 처음 그 말을 들었을 때는 왜 '문이 열린다'라고 안 하고 '문이 축을 따라 회전한다'라고 하는지 이해하지 못했다. 그땐 나도 모르게 입이 삐죽 나왔지만 지금은 그 말이 좋다. 정확하게 표현하는 건 어렵지만 정확하게 표현하니까 더 십다.

이모는 수학에서 수식을 쓰는 것도 같은 원리라고 했다. 수식으로 나타내는 건 어렵지만 일단 수식을 쓰고 나면 더 쉬워진다고. 왜냐하면 더 정확하고 간단해지니까!

이모는 주머니에서 가운데에 축이 있고 4개의 판이 달린 모형을 꺼내어 돌리기 시작했다. 어?, 이건 커다란 건물의 회전문이랑 똑같잖아!

"경첩에서 정말 중요한 게 있어. 납작한 두 날개가 펴져서 하나는 문틀을, 다른 하나는 문을 단단히 붙잡아야 한다는 거야. 풀이나 접착제는 이렇게 무거운 문을 잡을 수 없을 것 같은데. 그럼 무엇이 문을 꽉 붙잡고 있는 걸까?"

이모는 주머니에서 드라이버와 작은 쇠기둥을 하나 꺼냈다. 그러더니 드라이버를 쇠기둥에 넣고 왼쪽으로 천천히 돌리기 시작하자 못 하나가 빠져나왔다. 이모는 이게 바로 '나사못'이라고 했고 나사못은 정말 위대한 발명품이라고 했다. 나사못도 벽에 직각으로 들어가야 단단히 박힌다. 우리가 작아지자 나사못의 모양이 더 잘 보였다. 뾰족한 못의 끝까지 빙글빙글 도는 홈이 패어있었다.

"우리가 아주 작아지면 그 홈을 따라 빙글빙글 돌면서 내려갈 수 있겠어요."

지호가 뜻밖의 말을 했다.

"지호가 정말 멋진 생각을 했다! 그렇지. 워터파크 미끄럼틀처럼 빙글빙글!"

이모는 미끄럼틀을 타는 듯 빙글빙글 돌았다.

"이런 곡선을 수학에서는 '나선'이라고 해. 이 나선의 수학을 못에 적용해서 만든 것이 나사못이야. 나사못이 회전하면서 직각으로 파고드는데 그러면서 경첩이 문과 문틀을 꽉 붙잡게 만들어줘. 회전하면서 전진하는 거지."

나사못을 돌려 다시 원래 자리에 넣으면서 이모는 말했다.

"원운동이 직선운동으로 바뀐 거야."

이모는 드라이버로 못을 단단히 조이면서 계속 말했다.

"나선의 성질을 잘 이해하면 쓸모가 많아. 워터파크 미끄럼틀도 그렇고, 나선 계단도 있잖아. 빙글빙글 도는데 위로 올라가거나 아래로 내려오지. 나선은 셀 수 없이 많아. 어디 보자, 저기도 있고 여기도 있고 저기도 있네!"

상상의 시소로 알아보자, '지렛대'

나는 문을 열 때부터 궁금했던 것을 이모에게 물어보았다.

"이모, 저렇게 크고 무거운 문이 어떻게 그렇게 쉽게 열렸어요? 처음에는 아무리 열어도 안 열렸는데요."

"맞다. 그 이야기를 해야지! 잊을 뻔했어. 그건 바로 아르키메데스 님의 지렛대 원리 덕분이야!"

그러더니 이모는 신이 나서 설명해주었다. 사실 그때는 이모의 말을 완벽히 이해하지 못했지만, 그 후로 학교에서 배우고 책으로도 읽어서 잘 알게 되었다. 지렛대의 원리를 이해하기 위해서는 큰 시소를 떠올리면 된다. 시소는 절대로 휘지 않는

튼튼한 나무판으로 되어있다. 그리고 몸무게가 같은 두 사람이 있다. 한 명은 빨강이고 한 명은 파랑이다. 둘이 시소의 양쪽에 설 때 시소가 어느 쪽으로도 기울지 않으려면 받침대를 나무판의 중앙에 놓아야 한다. 그림에서 보다시피 그렇게 놓았다.

바닥과 나무판은 나란히 서 있다. 기울지 않았다. 이모는 이렇게 설명했다.

"바닥과 나무판이 평행이다."

그런데 빨강이 받침대에서 멀리 움직이면 그쪽으로 시소가 기울어진다. 여기까지는 시소를 타 본 사람이라면 누구나 다 안다. 그런데 옛날 지중해에 살았던 아르키메데스 님이 그것을 수학으로 정확하게 알아냈다. 그분이 말씀하신 지렛대 원리는 바로 이거다.

만약 빨강이 받침대에서 '2배' 더 멀리 움직였다면 어떻게 해야 다시 평행이 될까?

답은 어렵지 않다. 파랑도 '2배' 멀리 움직이면 된다. 당연하다. 서 있는 자리만 바뀌고 처음과 모든 것이 똑같으니 말이다. 그러면 바닥과 시소가 평행할 거다.

이모는 질문을 또 던졌다.

"그런데 파랑이 뒤로 갈 수 없다면?"

빨강과 파랑은 그 자리에 그대로 있고 받침대를 옮기면 된다. 정중앙에 위치하도록 말이다. 이것도 쉽다. 계속되는 이모의 질문 공세.

"받침대는 그대로 둔 채 평행으로 만들 방법은 없을까?"

이 질문이 핵심이다. 답은 바로 파랑이 있는 곳에 한 명이 더 올라가면 된다. 누가 올라가면 될까? 파랑과 몸무게가 같은 사람이 올라가야 한다! 더 무거운 사람도 아니고 더 가벼운 사람도 아니다. 우리는 여기에서 지렛대의 원리를 알 수 있다!

지렛대의 원리라니, 무슨 말일까? 빨강이 받침대로부터의 '길이'를 2배로 늘린 것은 파랑이 '무게'를 2배로 늘린 것과 같다는 말이다. 즉 길이가 무게를 대신한 것이다! 빨강이 받침대에서 '길이'가 3배 되게 멀리 움직였다면, 파랑 쪽에 3명이 올라가야 한다. 어떤 사람? 그렇다. 파랑과 '무게'가 같은 3명의 사람!

키가 크다거나, 예쁘다거나, 노란색 옷을 입었다거나 하는 건 상관없다. 사람인지 아닌지도 중요하지 않다. 염소도 되고 돌덩어리여도 좋다. 파랑과 무게만 같으면 된다. 무게만 영향을 준다! (그때는 이렇게 말해 놓고, 이모는 나중에 정말 중요한 것은 '무게'가 아니라 '힘'이라고 했다.)

원리를 정확히 아니까 마음껏 상상할 수 있다. 빨강이 100배 멀리 갔다면 반대쪽에는 100명이 있어야 한다. 무게가 A인 공이 100m에 위치하면 A의 100배인 무게, 즉 무게가 100×A인 공이 1m에 위치할 때 균형을 이룬다. (A의 100배를 줄여서 100×A라고 쓰기도 하고 더 줄여서 100A라고 쓰기도 한다.)

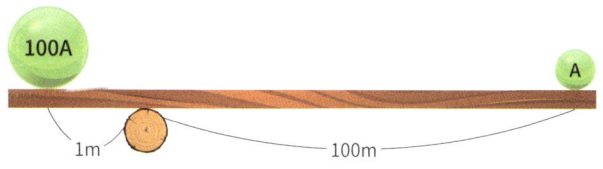

그렇다면 이런 상상도 할 수 있겠다. 무게가 1000t인 산이 받침점에서 1m 떨어져 있다. 50kg인 내가 그 산만큼 힘을 발휘할 수 있을까? 말도 안 되는 것 같지만 가능하다. 지렛대만 있으면 된다. 어디 보자. 1000t은 1000000kg이니까 50kg인 사람은 꽤 멀리 가면 될 것 같은데 정확히 얼마나 가야 할까? 어렵다. 똑같은 질문인데 숫자가 커지니까 생각이 꼬인다.

이모는 그림의 줄을 맞추고 잘 보라고 했다. 이 그림이 우리에게 무슨 말을 하는 것 같으니 귀를 기울여 보라고 말이다.

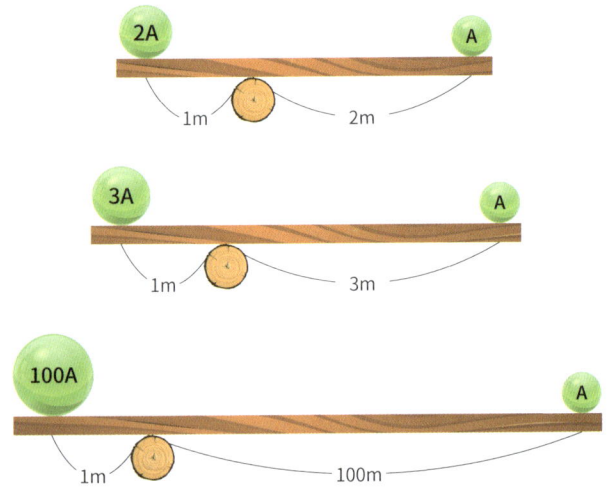

감이 오지 않았다. 어떻게 사람 하나가 산만큼의 힘을 낸다는 말이지? 그런데 그때 지호가 외쳤다. 왼쪽에 있는 숫자끼리 곱하고 오른쪽에 있는 숫자끼리 곱하니까 같다고!

아니? 이럴 수가! 쟤 내 동생 지호 맞아?

이모는 놀라며 지호 볼에 뽀뽀했다. 바로 이걸 아르키메데스 님이 찾아냈다고 했다. 아르키메데스 님도 대단하지만 그림 몇 개만으로 알아챈 지호도 정말 대단하다면서.

개미 한 마리가
지구만큼 무거울 수 있다니!

지금 다시 생각해도 지호는 대단했다. 이제 알았으니 시소에 올린 산 문제도 해결할 수 있다. 그림만 약간 다듬으면 된다.

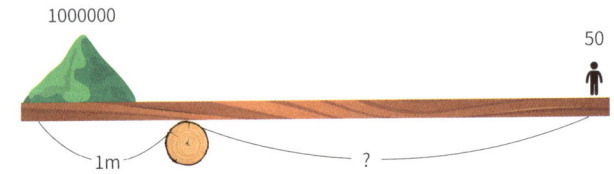

줄을 맞춰서 식으로 쓰면 깔끔하다.

산의 무게 × 산의 거리 = 나의 무게 × 나의 거리

1000000 × 1 = 50 × 나의 거리

 '수식을 만드는 건 어렵지만, 수식을 쓰면 더 쉽다'는 말이 이거다. 복잡해 보이던 문제가 결국 나눗셈만 하면 풀리게 되었다. 1000000을 50으로 나누면 된다. 그래서 답은 20000m. 무려 20㎞이다. 멀긴 멀다. 사실 이렇게 큰 시소는 없고 산을 시소에 올릴 수도 없다. 이모가 말했다. 중요한 것은 그런 시소가 있는지 없는지, 산을 시소에 올릴 수 있는지 없는지가 아니라고. 정말 중요한 것은 우리가 더 많이 상상할 수 있게 된 것이라고. 복잡해 보이던 문제를 수학의 세계로 가져가니 단순한 나눗셈으로 바뀌었음을 알게 된 것이 정말 중요하다고. 수학은 복잡한 것을 단순하게 만들어서 우리가 쉽고 빠르게 생각할 수 있도록 돕는다고.
 "수학은 수와 식으로 나타낸단다. 간단하고 쓰기도 좋고 기억도 잘되거든. 기호와 식을 쓰면 생각이 빠르고 정확해져."
 정말로 길었던 우리의 대화가 한 줄로 표현되었다.

산의 무게 × 산의 거리 = 나의 무게 × 나의 거리

그다음은 쉽다. 그런데 질문 제조기인 이모가 거기서 끝냈을 리는 없다.

"지구가 시소의 한쪽 끝에 있고 개미가 다른 쪽 끝에 있는데 시소는 기울지 않았다. 이건 가능할까? 아, 정확하게 질문해야 정확하게 답을 하겠지? 개미는 받침대에서 얼마나 멀리 있을까? 지구는 받침대에서 1m 떨어져 있고, 지구의 무게는 6000t, 개미의 무게는 3kg이라고 하자. 이게 그 그림이야. 끝에 개미 보이지?"

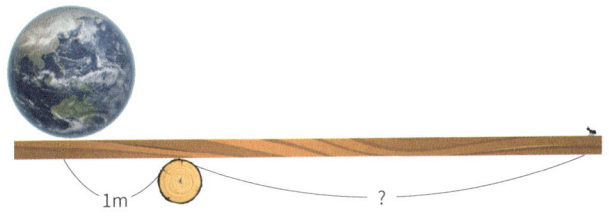

어떻게 개미가 지구랑 같은 힘을 갖냐고, 지구가 어떻게 6000t밖에 안 되고 개미가 어떻게 3kg이나 되냐고. 나는 계속 말이 안 된다고 우겼다. 실은 계산하고 싶지 않았다. 숫자가 너무 커서 계산이 어려울 것 같았다. 내가 틀리기라도 하면 지호 녀석이 나를 얼마나 우습게 볼까. 생각만 해도 끔찍했다. 그러나 이모는 장난꾸러기처럼 웃으며, 수학은 상상의 지렛대니까

다 될 거라고 말했다.

　반년 뒤쯤 갑자기 이 문제가 생각났다. 그림 위에 숫자를 쓰고 수식으로 바꾸니 간단한 문제였다.

$$6000000 \times 1 = 3 \times 개미의\ 거리$$

　그래서 $6000000 \div 3$을 계산하면 개미의 거리를 안다. 나눗셈 한 번이면 끝이다. 답은 2000000이니까 개미가 2000000m, 즉 2000㎞ 떨어져 있으면 된다. 길이가 2000㎞인 시소가 어디 있냐고? 혹시 그렇게 묻는 친구가 있다면 나는 이렇게 말해주고 싶다.

　"수학은 상상의 지렛대니까 가능할걸?"

　우리의 첫 번째 화장실 수학 탐험이 끝나 싶은 순간, 갑자기 궁금한 것이 생겼다.

　"그런데 이모, 화장실 문은 왜 처음에는 열리지 않다가 미는 자리를 바꾸니까 열린 거예요?"

　"아, 맞다. 수아야, 우리의 모험이 거기에서 시작됐지?"

　우리는 무게만 봤지만 중요한 것은 힘이다. 몸무게가 같아도 높은 곳에서 떨어지는 사람 쪽으로 시소가 기우는 것만 봐도 그렇다. 우리가 '무게'라고 했던 것을 모두 '힘'으로 바꿔서 생각해보자. 경첩이 문을 붙잡고 있다. 그래서 문의 힘은 경첩 쪽에 쏠려 있다. 우리는 처음에 경첩 쪽에서 문을 밀었다. 그렇다면 문의 무게만큼 힘을 줘야 문이 열린다. 그런데 우리는 작고 문은 커서 움직이지 않았다. 하지만 우리가 경첩에서 멀어지니까 이동한 거리만큼의 길이가 우리에게 힘을 주었다. 개미 한 마리가 뒤로 가서 지구만큼의 무게를 얻었듯이 말이다. 이모는 속사포처럼 말을 쏟아냈다.

"됐니?"

나도 지호도 그 순간에는 잘 몰랐지만 고개를 끄덕끄덕했다. 그러나 지금 나는 분명히 안다. 지금이라도 이모에게 말을 해 주고 싶다.

"알겠어요. 그리고 소냐 이모, 고마워요."

화장실이라는 방

타일에서 '정사각형'을 발견했어

"여러분 환영합니다! 푸대접받지만 중요한 장소, 우리의 화장실! 여러분은 세계 최초로 화장실을 탐험하고 계십니다. 그것도 수학호를 타고 말이죠. 화장실 수학 탐험대를 영어로 바꾸면 Toilet Math Adventure! 우리가 탄 수학호를 토마아드호 ToMaAd라고 불러볼까요? 자, 토마아드호의 탐험가 여러분. 여러분은 '화장실' 하면 가장 먼저 무엇이 생각나나요?"

화장실에 들어오더니 느닷없이 이모는 비행기 승무원처럼 말을 했다. 나는 시큰둥했고 지호가 신이 나서 답했다.

"변기, 수도꼭지, 샤워기…."

"맞습니다. 거기에도 수학이 있겠죠. 근데 일단 화장실 전체를 둘러보는 게 어떨까요?"

그러더니 이모는 진지한 말투로 외쳤다.

"화장실은 방이다!"

이모가 밝혀낸 건 결국 화장실은 방이라는 거야? 어이가 없어서 나도 모르게 콧방귀를 뀌었다. 이모는 나를 보며 웃으면서 검지를 들어 흔들었다.

"단순한 것을 철저하게 봐야 해. 그게 토마아드호의 탐험가들이 지켜야 할 첫 번째 원칙이야. 아직은 처음이니까 괜찮아. 이 방의 모양부터 시작해볼까? 방이 상자처럼 생겼지. 이런 모양을 뭐라고 부르는지 혹시 아니?"

그건 직육면체죠! 얼마 전에 학교에서 배워서 생각났지만 말하지는 않았다. 우리가 대답이 없자 이모가 웃으며 말했다.

"이런 상자 모양을 수학에서는 '직육면체'라고 불러. 수학에서는 뭐든지 이름을 정해. 정확한 이름을 써야 생각도 정확해지니까. 말하는 사람들이 다 같은 것을 떠올려야만 하고."

좋다. 화장실의 모양은 직육면체이다. 이모는 계속 말했다. 꼭짓점에서 각들

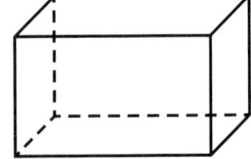

이 모두 직각이니까 '직', 면이 모두 6개니까 '육면', 입체 도형이니까 '체'라는 말이 들어갔다고 했다. 다른 건 중요하지 않고, '직각'과 '육면', 그리고 '입체'라는 조건을 모두 만족하면 '직육면체'다. 그런데 이런 모양으로 생긴 것은 정말 많다. 건물, 상자, 책, 침대, 책장, 서랍…. 그래서 우리가 직육면체에 대해서 수학으로 알아내면 이 모든 것들에 관해서도 한꺼번에 알 수 있다고 이모는 말했다.

이모는 일단 화장실 바닥의 타일을 보자고 했다. 주머니에서 타일 하나가 나왔다. 바닥에 깔린 것과 모양이 같지만 색깔은 다르고 크기도 작았다. 둘을 나란히 놓으며 이모는 말했다.

"이 둘은 색과 크기가 달라. 하지만 둘 다 같은 것이 있어. 바로 각각의 가로와 세로 길이지. 그리고 구석 네 곳의 각이 모두 직각이야. 또 직각이 나왔지? 나사못도 직각으로 들어갔고 문도 직각으로 서 있고 방의 구석도 다 직각이고 말이야. 아무튼

타일은 네 각이 모두 직각이고 네 변이 모두 같아. 이런 걸 수학에서는 '정사각형'이라고 해. 내가 좋아하는 도형이지."

도형을 좋아한다고? 인형도 고양이도 피자도 아닌 도형을? 역시 이모답다.

"물론 내가 더 좋아하는 도형이 있지만 정사각형도 좋아해. 예를 들면 이런 거!"

이모는 종이에 그린 그림을 꺼냈다.

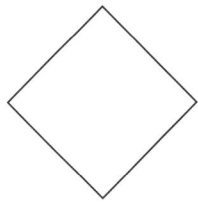

"이건 너무 뾰족해요."

지호가 외쳤다. 그런데 그림이 뭔가 이상했다. 위치를 옮겨서 그림을 보았더니, 아까 본 정사각형과 모양이 같았다.

"이모, 이건 아까 타일하고 모양이 똑같은데요?"

이모는 미소를 지었고, 지호는 이해하지 못한 모양이다.

"맞아, 이건 아까 타일과 같은 정사각형이야. 아까보다 뾰족해 보일지 모르지만 사실 이렇게 돌려 보면 같지. 이런 게 수학의 눈이란다. 바뀐 것처럼 보이지만 바뀌지 않음을 아는 것."

"그럼 이모는 이 도형 말고 어떤 도형을 좋아해요? 아까 이모가 정사각형보다 더 좋아하는 도형이 있다고 그랬잖아요."
 지호가 물었고 이모는 그림을 그리기 시작했다.

사각형에도 '황금'이 있다니!

"나는 한 변이 약간 더 길쭉한 게 마음에 들더라. 이 정도?"

이모는 정사각형과 닮았지만 한쪽이 더 긴 도형을 그렸고 그것을 이리저리 돌리면서 말했다.

"네 각이 모두 직각이고 한쪽이 길쭉한 사각형을 직사각형이라고 해. 그런데 그중에서도 긴 변과 작은 변의 비율이 특별한 게 있어. 바로 지금 보이는 이 직사각형이야. 아주 오랜 옛날부터 사람들은 이런 직사각형을 좋아해서 '황금 사각형'이라고 불렀을 정도야. 길쭉한 변을 가로로 두면 집처럼 안정돼 보여. 길쭉한 변을 세우면 건물처럼 뻗어서 힘차 보이고 말이야. 짧은 변이 1이라면 긴 변이 대략 1.6 정도 돼. 정확히 1.6은 아니야. 1.6보다 조금 커. 더 정확히 쓰면 1.618 정도이지. 그것도 정확한 건 아니야. 더욱 정확한 건 1.618033988 정도지만 그것도 끝이 아니야. 정확히 쓰려면 소수점을 끝없이 많이 써야 해.

짧은 변이 100이면 큰 변은 160 정도이고 말이야. 그림으로는 이렇게 나타낼 수 있어.

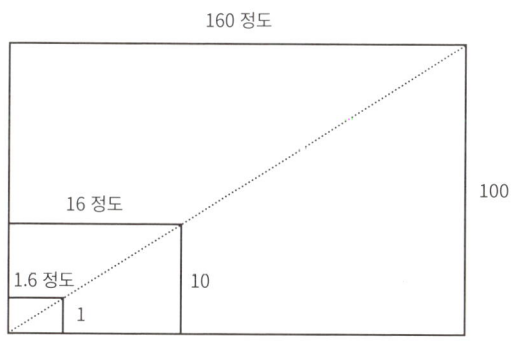

포개 놓은 세 직사각형은 모양이 같아. 이렇게 닮은 직사각형은 얼마든지 많지. 더 그려 볼까?

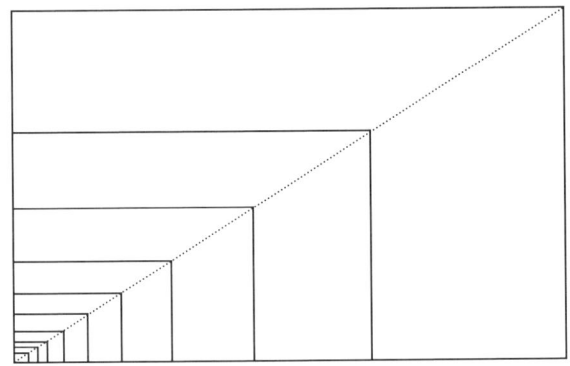

이 직사각형들은 크기가 다르지만 모양은 같아. 짧은 변에 비해 긴 변의 비율이 같기 때문이지. 짧은 변 몇 개만 뽑아서 눕혀 볼게. 그 아래에 그것과 짝인 긴 변을 나란히 놓았어.

짧은 변	1	10	100
긴 변	1.6 정도	16 정도	160 정도

짧은 변을 1.6배 정도 늘리면 그것과 짝인 긴 변이 되겠지? 어떤 것이든 짧은 변이 보기에는 자기보다 긴 변이 1.6배 정도 길어. 이런 것을

　　　　짧은 변 **대** 긴 변은 1 대 1.6 정도와 같다

라고 말하고 더 간단히 하면

짧은 변 : 긴 변 = 1 : 1.6 정도

라고 써."

혁! 비례식이네? 어디서 이게 튀어나온 거지? 이모는 놀란 나를 더 놀래켰다.

"이 안에 숨어 있는 정사각형이 보이니?"

정사각형이 숨어 있다니! 이건 또 무슨 말이지?

"어디 보자. 어디 숨었나?"

이모는 주머니에서 컴퍼스와 자를 꺼냈다. 우리에게도 종이, 자, 컴퍼스를 하나씩 나눠주었다. 그리고 혼자 열심히 사각형을 그리더니 정사각형 하나를 찾아냈다. 나는 생각했다.

'이거였구나! 황금 사각형 안에 정사각형이 숨어 있다는 것이. 간단한 거였네. 괜히 겁먹어서 생각이 막혔나 봐.'

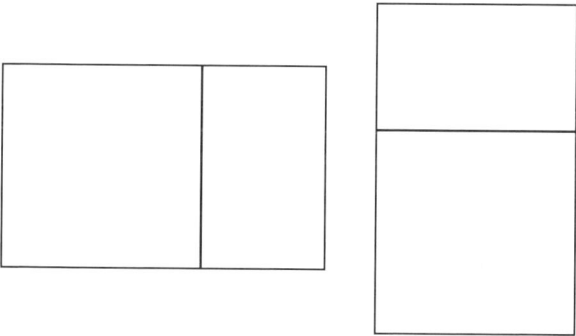

이모는 그림이 마음에 드는지 고개를 끄덕끄덕했다. 우리도 이모를 따라 했다. 지루해 보였는데 해보니까 재미있다. 처음 직사각형 안에 정사각형 하나와 직사각형 하나가 있게 되었다. 그중 직사각형 부분에서 다시 정사각형을 찾아냈다. 다들 아무 말도 하지 않고 정사각형을 찾느라 정신이 없었다.

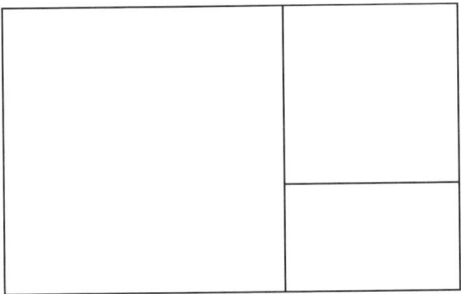

한두 번 해보니 이모를 보지 않고도 혼자 할 수 있었다.

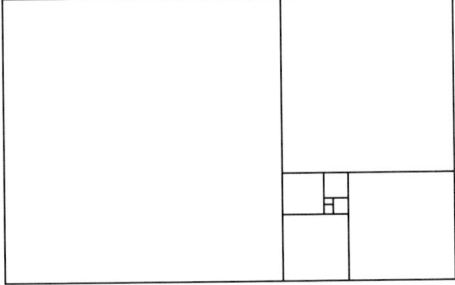

이모는 컴퍼스로 원을 그리며 혼잣말을 했다.

"원도 좋지. 원은 곡선이야. 완벽해. 그래서 옛날부터 사람들이 원을 좋아했어. 원은 어디에나 있어. 동전도, 접시도, 태양도, 보름달도, 눈동자도, 물방울도, 비눗방울도 원이고…."

이모의 그림과 혼잣말은 계속되었다.

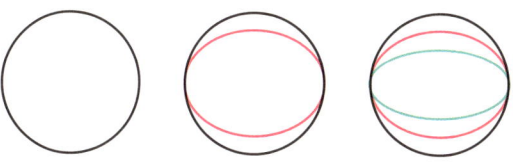

"그리고 그 원을 살짝 누르면 타원이 되는데, 지구가 태양 주위를 돌 때 타원 모양으로 돌고, 달도 지구 주위를 그 모양으로 돌지. 곡선으로 된 도형도 참 많아. 근데 그중에 내가 가장 좋아하는 건 이거야."

이모는 정사각형들로 쪼개 놓은 직사각형 그림을 꺼냈다.

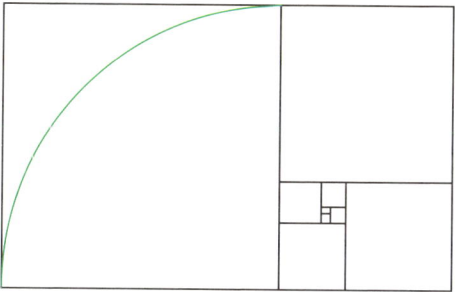

그 그림 위에 컴퍼스를 돌렸다. 컴퍼스를 옮겨가며 계속 그렸다.

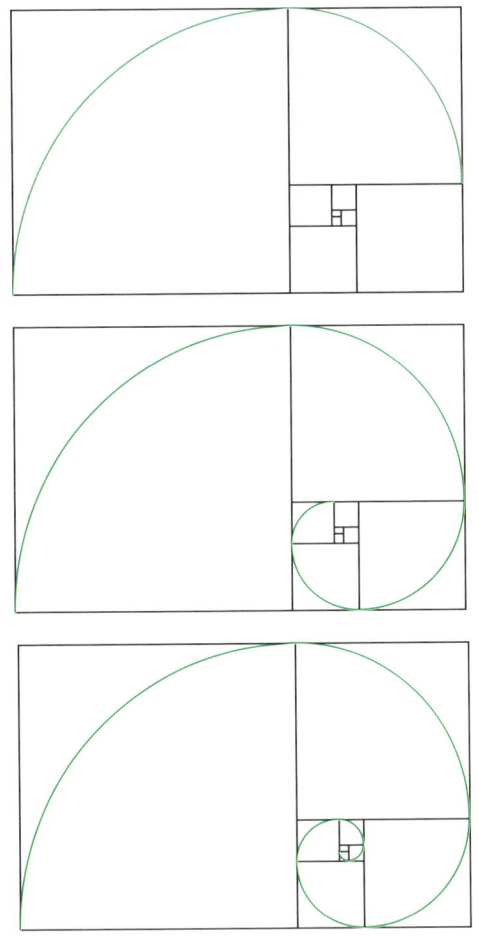

그러더니 직선을 다 지우고 안에 그린 곡선만 남겨두었다.

곡선이 빙글빙글 돌며 안으로 빨려든다.

이모는 그림을 높이 들어 보며 환하게 웃었다. 멋지지 않니? 하는 표정이었는데, 나는 계속 괜히 왔다는 생각만 들었다.

"소냐 이모, 우리 도대체 화장실에서 뭘 하는 거예요? 정사각형, 직사각형, 황금 사각형은 뭐고, 원 이야기는 왜 하는 거예요? 그리고 이 곡선은 또 뭐고요?"

화장실의 길이를 재보자. '대충'은 안 돼

"미안. 황금 사각형만 보면 이런다니까. 이 곡선은 나선이야. 정확히 말하면 나선 중 하나이지. 나선은 아주 중요해서 곧 이야기할 거야. 지금 우리는 화장실이 얼마나 큰지 봐야 해. 크기를 재는 건 수학이 가장 먼저 하는 일이거든. 아니, 사람이라면 가장 먼저 하는 일이라고 하는 게 맞겠다. 사람들은 누가 더 큰지, 더 센지, 더 빠른지 항상 궁금해하잖아."

화장실의 크기를 왜 알아야 하는지 모르겠지만, 먼저 바닥부터 시작했다.

"수학은 '정확히 얼마'인지를 중요하게 생각해. 얼마나 큰지,

얼마나 작은지를 알고 싶어 하지. 정확히 알면 정확히 생각할 수 있으니까. 바닥의 크기를 재려면 우선 길이를 알아야 하거든. 어떻게 재면 좋을까?"

그러니까 이모 말은 직육면체인 방의 크기를 알려면 직사각형인 바닥의 크기를 알아야 하고 직사각형인 바닥의 크기를 알려면 직선인 두 변의 길이를 알아야 한다는 거다. 그래서 먼저 한쪽 길이를 재보자는 것이다. 그러자 지호가 말했다.

"내가 잴래요."

지호는 한쪽 끝에서 다른 쪽 끝까지 걷기 시작했다. 우리가 너무 작아져서 걷는 데 오래 걸렸지만 결국 다 쟀다. 지호는 60걸음이었다. 나도 재 보았는데 나는 45걸음이었다.

이모도 반듯하게 몸을 세우고 성큼성큼 걸었다. 큰 소리로 숫자도 셌다.

"나는 30걸음인데? 다 다르네?"

"키가 다르니까 그렇죠. 그리고 이모는 다리를 크게 벌렸잖아요."

길이는 하나인데 걸음 수는 모두 다르다. 그렇다면 누가 맞는 거지?

"우리가 '길이'를 잰 건 맞을까? 길이를 잰다는 건 뭘까?"

이모는 속사포처럼 질문들을 쏟아냈다.

"게다가 또 문제가 있어. 지호가 다시 걸어보겠니?"

지호가 걷기 시작했다. 수가 커질수록 헷갈리는 것 같았다. 그렇지만 이번에도 끝까지 틀리지 않고 셌다. 그런데 50이 나왔다. 일부러 성큼성큼 걸었더니 10걸음이나 줄어든 것이다. 이모가 지호의 머리를 쓰다듬으며 말했다.

"우리 세 명이 쟀는데 모두 다른 길이가 나왔어. 게다가 한 사람이 재도 매번 다를 수 있고. 1년 뒤에 재면 또 다를걸? 길이는 분명히 하나인데 값이 다르면 아주 불편하지."

"뭐가 불편해요?"

질문이 뜻밖이었는지 이모는 잠깐 어리둥절한 표정이었다. 하지만 금방 밝게 미소지으며 되물었다.

"수아가 이 방의 길이가 50걸음이라고 엄마에게 전화로 알려 준다면, 엄마가 그 길이를 잘 알 수 있을까?"

"대충은 알 수 있죠."

"뭐? 대충? 수학의 사전에는 대충이라는 낱말이 없어. 물론 대충은 알 수 있지. 재지 않고서도 말이야. 그런데 우리는 정확하게 알려고 쟀던 거잖아. 안 그래?"

미터(m),
수학은 약속이야

 엄마의 50걸음은 길이가 또 다르다. 그래서 엄마는 여기 이 방의 길이가 아닌 '다른' 길이를 상상할 것이다. 그래서 누가 재도 길이를 똑같이 나타내는 방법이 필요하다. 그래야 서로 헷갈리지 않으니까. 내가 여기서 자로 쟀더니 5m여서 엄마에게 알려주면, 엄마도 이곳의 길이를 정확히 알 수 있다. 그렇게 약속해두면 편하니까 사람들은 약속했다. 그게 미터(m)다. 길이의 단위를 그렇게 미터로 통일시켜서 쓰는 것을 미터법이라고 한다.

 이모는 벽으로 가서 점을 하나 찍고 벽을 따라 걷더니, 점을 하나 더 찍고 와서 말했다.

"저기 두 점 사이의 길이가 1m야. 그 1m를 100개로 똑같이 나눠. 그렇게 나온 작은 조각 하나하나를 1㎝라고 하지. 센티미터의 센티는 centi야. '100조각 중 하나'라는 뜻이고."

이모의 말은 계속되었다. 1m와 1㎝를 정해 놓았으니 자도 만들 수 있다. 우리가 보통 쓰는 자는 15㎝나 30㎝다.

이모는 주머니에서 자를 여러 개 꺼내어 보여주었다. 0부터 15라고 숫자가 적힌 걸 보니 15㎝ 자 같다. 그런데 내 키의 2배쯤 되니 너무 커서 들 수 없었다. 지호와 함께 들어도 무거웠다. 이모가 다른 자를 3개 꺼냈다. 0부터 3까지 표시된 3㎝ 자였다. 그건 어렵지 않게 들 수 있었다.

"이걸로 길이를 재보자."

자는 무겁지 않았고 누가 재든 값이 똑같이 나왔다. 딱 60번을 재면 됐다. 이모는 우리를 보더니 말을 이어갔다.

"3㎝가 60개니까 3×60. 미터법으로 하면 길이가 180㎝. 즉 즉 1m 80㎝."

이모는 긴 쪽 변을 가리켰다.

"저쪽이 더 길어 보여서 얼마나 더 긴지 알아 보려면 뭘 해야 할까?"

지호가 자를 칼처럼 휘두르며 말했다.

"재야죠! 우리에게는 자가 있잖아요."

그런데 실제로 재는 건 쉽지 않았다. 너무 길어서 몇 번을 쟀는지 헷갈렸고, 자를 여러 번 대면서 조금씩 틀어졌던 것이다. 이때 이모가 제안했다.

"타일 하나의 길이를 잰 다음 타일의 개수를 세어서 곱하면 되지 않을까?

"오호!"

지호와 나는 동시에 엄지를 쳐들었다. 그리고 타일의 개수부터 셌다. 18개다. 그다음 타일 하나의 길이를 쟀다. 타일 하나가 자로 5번이다. 자는 3㎝니까. 타일 하나는 미터법으로 15㎝다.

"타일은 18개이고 타일 하나는 15㎝. 이제 우리에게 필요한 것은 곱셈. 어디 보자…."

이모는 천장을 보고 노래를 부르듯이 흥얼댔다. 그러더니 우리를 보며 말했다. 270!

"와! 이모, 곱셈이 초고속이에요!"

우리는 깜짝 놀랐다. 어려운 곱셈을 저렇게 쉽게 하다니. 이모 머리 속에 컴퓨터가 들어있는 걸까?

곱셈, 여러 방법으로 곱해보자

 "타일은 18개이고 하나는 15㎝야. 그러니까 타일 10개까지는 150㎝야. 그것보다 타일은 8개 더 많지? 2개가 30㎝고. 그래서 8개는 그것의 4배, 그래서 120㎝. 아까 10개면 150㎝였고, 그것보다 120㎝ 더 기니까 120+150은 270㎝! 맞지?"

 이모의 계산은 거기가 끝이 아니었다.

 "계산은 확인을 꼭 해 봐야 해. 같은 방법으로 해도 되지만 나는 다른 방법으로 확인하는 것이 더 좋다고 생각해."

 그러더니 이모는 또 검지로 하늘을 가리키면서 말했다.

 "다르게 보면 더 잘 보인다."

어라? 우리 이모 좀 멋지네.

"다른 사람의 말을 들었을 때 그 말이 맞는지 확인하는 건 중요하지. 그거랑 똑같이 자신의 생각도 늘 확인해야 해. 계산은 더 그렇지. 틀리고 맞는 게 분명하니까. 게다가 작은 계산 실수가 큰 실수를 낳을 수 있거든. 수학은 빠른 것도 중요하지만 정확한 것이 훨씬 중요해. 그래서 나는 이렇게 확인했어."

이모가 계산을 확인하는 방법은 바로 이거다. 타일이 20개면 300㎝이다. 우리가 센 타일은 18개였으니까 20개보다 2개 부족하다. 하나가 15㎝니까 30㎝가 빠진다. 지호가 어려워하자 이모는 주머니에서 칠판을 꺼내 썼다. 수식으로 쓰면 더 좋고 줄을 맞춰 쓰면 틀릴 위험이 줄어든다면서 말이다. 우선 첫 번째 방법을 쓰고 그 옆에 두 번째 방법을 썼다.

18×15의 계산이 복잡했다.

$$
\begin{array}{l|l}
18 \times 15 & 18 \times 15 \\
= (10+8) \times 15 & = (20-2) \times 15 \\
= 10 \times 15 \ + \ 8 \times 15 & = 20 \times 15 \ - \ 2 \times 15 \\
= 150 + 120 & = 300 - 30 \\
= 270 & = 270
\end{array}
$$

270이라는 답에 똑같이 도달했지만 가는 길이 다르다. 가는 길은 많이 알면 좋다. 우리가 할머니 집에 갈 때 버스를 탈 때도 있고, 기차를 탈 때도 있듯이 말이다.

결국 이 화장실의 바닥은 긴 쪽이 270㎝, 짧은 쪽이 180㎝인 직사각형이다. 이모는 이 길이를 구하기 위해 시간을 두고 천천히 생각하고, 계산하고, 확인했다.

"긴 쪽이 270㎝, 짧은 쪽이 180㎝…, 타일 18개가 270이고, 타일 12개가 180이라…"

이모는 이제부터 아주 중요한 이야기를 할 거라면서 목소리를 낮추고 천천히 말을 이어갔다.

길이를 타일 개수로 나타내면 긴 쪽은 18개, 짧은 쪽은 12개다. 그렇게 보니 긴 쪽:짧은 쪽 = 18:12다. 그런데 긴 쪽은 270㎝이고 짧은 쪽은 180㎝다. 그러면 긴 쪽:짧은 쪽 = 270:180이기도 하고 18:12이기도 하다. 식으로 쓰니 깔끔해졌다.

"수학하는 사람들은 깔끔하게 쓰는 걸 좋아하거든."

비율, 작은 숫자로 큰 숫자에 다가가!

이모가 했던 말은 지금도 종종 생각난다. 처음 만나면 수식은 어렵다. 익숙하지 않아서 그런 거다. 익숙해지면 반대가 된다. 수식이 편해지고 수식으로 써야 더 쉽게 느껴진다. 수식에는 꼭 필요한 것만 남아 있기 때문이다.

방금 전에 알았던 것을 더 줄여서 이모는 이렇게 썼다.

긴 쪽 : 짧은 쪽
= 270 : 180
= 18 : 12

세상에, 비례식이다! 이걸 보자마자 나는 나도 모르게 식을 아래와 같이 바꿔서 쓰고 싶었다.

$$270:180 = 18:12$$

게다가 안쪽의 180과 18을 곱하고, 바깥쪽의 270과 12를 곱하면 3240이다!

이모가 쓴 비례식을 보면서 지호가 고개를 끄덕끄덕한다. 어려울 텐데 저 녀석 표정이 제법 진지하다.

이모는 우리 둘을 보며 이어서 말했다.

"말을 처음 배울 때 어렵거든. 그래도 알고 나면 쉽고 좋지. 외국어도 그렇고. 너희 악기 배울 때도 그러지 않았니? 배우는 건 처음엔 어렵지만 알고 나면 좋아. 비율과 수식도 익숙해지면 배우길 잘했다는 생각이 들 거야. 우리가 화장실 탐험을 마치기 전에 너희는 모두 알게 될 거야."

이모는 씩 웃었다.

"자, 그럼 화장실 바닥을 종이에 축소해서 그려볼게."

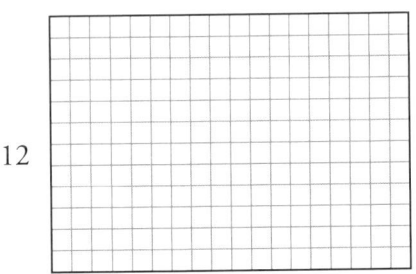

이모는 종이에 바닥 모양을 그렸다. 바닥이 축소되어 종이 한 장 안으로 들어왔다. 화장실 바닥의 타일 하나가 그림의 작은 정사각형 하나다.

"조금 큰 정사각형으로 묶어볼게. 작은 정사각형 4개를 붙여서 말이야. 헷갈리지 않도록 색깔을 칠하고… 똑같은 모양인데 긴 쪽의 정사각형이 9개, 짧은 쪽이 6개가 되었어. 이것도 식으로 나타내볼까?"

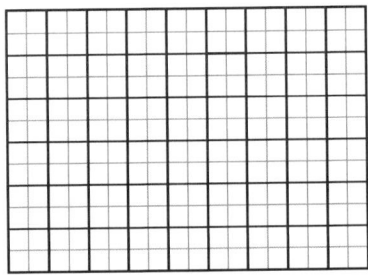

18:12 = 9:6

"아주 마음에 든다. 그렇지 않니?"

이모는 신이 난 것 같았다.

"또 있나? 작은 정사각형 4개를 붙여 큰 정사각형 1개를 만드는 방법 말고?"

이모는 종이를 보면서 고개를 갸우뚱했다. 나는 바로 방법을 찾았다. 작은 정사각형을 9개씩 묶으면 된다. 내 생각을 읽었는지 이모가 그렇게 색칠했다. 그 그림이 이것이다. 아래에 식도 썼다.

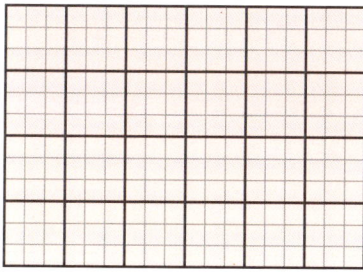

18:12 = 6:4

그러더니 "아까 18:12=9:6이었으니까" 하면서 식을 하나 더 썼다.

9:6 = 6:4

이제는 나도 곱할 수 있다. 안쪽의 두 수인 6×6과 바깥쪽 두 수인 9×4를 해보면 둘 다 36이다! 다른 식도 똑같나? 어디 보자. 18:12=6:4였는데, 안쪽의 두 수 12와 6을 곱하면 72다. 바깥쪽 두 수를 곱해도 그럴까? 18×4를 계산해보자….

이 계산은 나도 이모처럼 해 봤다. 먼저 10×4로 40을 얻고, 그다음 8×4로 32를 얻었다. 그래서 40과 32를 더하면 72다. 이모처럼 확인도 했다. 먼저 20×4를 계산하니 80이다. 그건 18×4보다 2×4만큼 크다. 그래서 80 - 8이 답이다.

이럴 수가! 또 답이 72다! 정말이다!

최대 공약수,
하늘이 두 쪽 나도 변하지 않아

아까 18:12 = 9:6이고 18:12 = 6:4이고, 그래서 9:6 = 6:4 라는 비례식을 얻었다. 이게 전부일까? 숫자를 더 줄일 수 있을까? 우리는 모두 금방 찾아냈다. 지호도 오래 걸리지 않아 찾아냈다. 생각했던 것보다 지호가 똑똑해서 살짝 놀랐다.

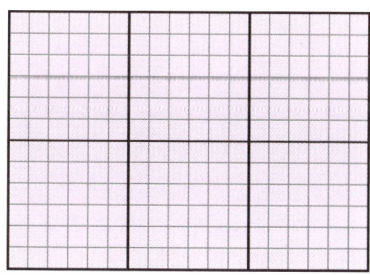

"그래서 6 : 4 = 3 : 2이기도 하고, 9 : 6 = 3 : 2 이기도 해!"

이모가 그렇게 말할 때 나는 속으로 계산을 했다. 이모가 6 : 4 = 3 : 2라고 말할 때는 안쪽과 바깥쪽을 곱한 값이 12로 같다고 속으로 외쳤다. 그런데 9 : 6 = 3 : 2라고 말할 때는 나도 모르게 외쳤다.

"18과 18이야!"

이모와 지호가 깜짝 놀랐다. 나도 모르게 수학에 전염되었나? 속으로 계산을 하고 있다니. 몇 초 정도 우리 셋은 그렇게 얼어 있었다. 이모가 이 말을 할 때까지.

"더 없나?"

이모의 질문이 중요하다는 직감이 왔다. 왜 그런지 모르겠지만 그런 느낌이 들었다. 이모도 이 질문을 아주 중요하게 생각하는 것 같았다. 나도 지호도 숨을 죽였다. 이모가 조용하고 느리지만, 아주 분명하게 말했다.

"없다."

왜 없을까? 해보니 없다. 더 어떻게 한단 말이지? 2개보다 더 줄일 수는 없다. 정사각형으로 한 번 더 묶으면 이렇게 되니 말이다.

그런데 그때 이모는 이상한 말을 했다.

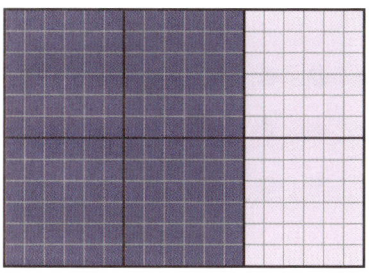

"더는 없다. 왜냐하면 더 있을 수 없기 때문이다. 기발하고 똑똑한 사람이 오면 추가로 발견할 수도 있지 않을까?"

이모는 가만히 검지를 하늘로 올리며 말했다.

"나는 주장한다. 세상에 누가 와도, 하늘이 두 쪽이 나도, 우주에서 외계에서 외계 생명체가 와도 없다! 왜냐? 공약수가 그것뿐이기 때문이다."

이모가 말할 때는 잘 이해하지 못했지만 이제는 안다. 그래서 나도 말할 수 있다.

공약수란 '공통 약수'다. 긴 변에 정사각형이 18개 걸쳐 있다. 18을 나눌 수 있는 수가 약수다. 즉 18의 약수는 1, 2, 3, 6, 9, 18인데, 이 수들만 18을 같은 개수로 묶을 수 있다. (묶고 남은 게 없어야 한다. 예를 들어 3은 18을 여섯 묶음으로 묶고 남은 것이 없다. 그러나 4는 약수가 아니다. 4개씩 묶으면 4, 8, 12, 16으로 묶고, 2개가 남으니까.)

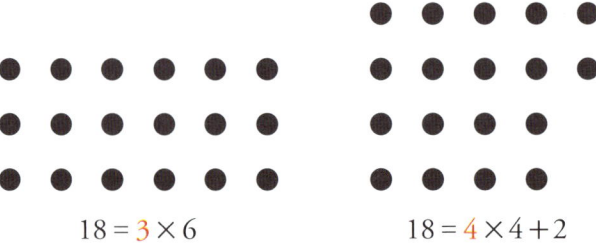

$18 = 3 \times 6$

18은 3으로 나누어 떨어진다.

$18 = 4 \times 4 + 2$

18을 4로 나누면 2가 남는다.

18은 3으로 나누어 떨어진다. 18을 4로 나누면 나머지 2가 남는다. 짧은 변에는 정사각형이 12개 걸쳐 있다. 12의 약수는 1, 2, 3, 4, 6, 12이다. (예를 들어 5는 12를 묶지 못한다. 5, 10으로 묶고, 2개가 남으니까.) 따라서 긴 쪽과 짧은 쪽을 동시에 나누는 수는 18의 약수이면서 12의 약수여야 한다. 정사각형으로 묶어진다. 정사각형! 그것이 중요하다.

1, 2, 3, 6, 9, 18과

1, 2, 3, 4, 6, 12를

나란히 놓고 같은 수만 뽑아내면 그것이 공통 약수, 다시 말해 공약수다. 따라서 1, 2, 3, 6이다.

묶지 않고 1개씩 나열했을 때가 첫 번째 그림이었다면(18:12),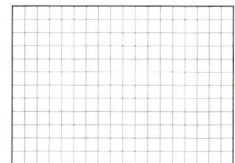

긴 쪽도 짧은 쪽도 2개씩 묶어 정사각형 4개를 붙인 것들을 모으면 두 번째 그림이고(9:6),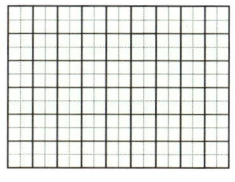

긴 쪽도 짧은 쪽도 3개씩 묶어 정사각형 9개를 붙인 것들을 모으면 세 번째 그림이고(6:4),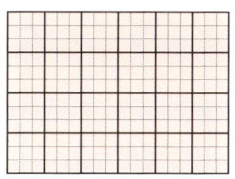

긴 쪽도 짧은 쪽도 6개씩 묶어 정사각형 36개를 붙인 것들을 모으면 네 번째 그림이다(3:2).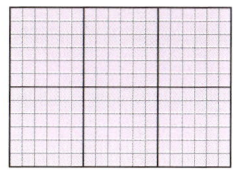

　이것 말고 더는 없다.

$$18:12 = 9:6 = 6:4 = 3:2$$

　그리고 나도 이제 이모처럼 말할 수 있다. 우주가 끝날 때까지 누구도 다른 것을 찾을 수 없다. 하늘이 두 쪽 나도 없다. 절대로 없다. 나도 지금 이모처럼 검지를 들면서 말하고 싶어진다. 절대로 없다.

…

수학이 멋지다.

쓰다 보니 나도 모르게 수학이 멋지다고 썼다. 내가 이런 말을 쓰게 될 줄이야!

넓이, 다양한 계산법!
다르게 보면 더 잘 보여

"직육면체인 방의 크기는 부피, 직사각형인 바닥의 크기는 넓이, 그리고 직사각형의 변의 크기는 길이라고 해. 부피를 알려면 넓이를 알아야 하고, 넓이를 알려면 길이를 알아야 해. 우리는 변의 길이를 알고 있어. 바닥의 넓이를 알 수 있다는 말이지."

바닥 타일 개수는 긴 쪽이 18개, 짧은 쪽이 12개였다. 그래서 작은 정사각형 타일들은 12×18개만큼 있다. 이모는 몇 초 만에 계산을 끝냈다. 모두 216개. 지호와 나는 놀랐다. 맞는지 보기 위해 계산기를 누르니까 216이라고 찍혔다. 정사각형 216개만큼의 넓이인 것이다.

"정사각형이 216개라…. 그걸 미터법으로 고쳐서 말해야지. 우리는 약속했으니까. 우선 정사각형 타일 하나의 넓이부터 볼까? 길이가 15㎝였으니까 넓이는 15×15. 그래서 정사각형 하나의 넓이는 225㎠!"

곱셈의 답이 척척 나오는 것이 신기했다.

"정사각형 타일 하나의 넓이가 225㎠인데 모두 216개니까 225와 216을 곱해야지. 그럼 48600."

"맞아요. 그게?"

지호가 소리를 질렀고 나도 놀랐다.

"그럼 확인해 볼까?"

이모가 되물었고 우리는 즉각 합창했다.

"아니요! 믿어요! 우리는 이모를 믿는다고요!"

"고마워. 그래도 나는 확인해야겠는데? 27×18만 확인하면 돼. 18은 20-2! 그러니까 27이 18개라는 말은 27이 20개 있고 거기서 27을 2번 빼는 것과 같아. 27×20은 540, 27×2는 54. 그래서 540-54. 맞다, 486! 그래서 48600. 기분 좋다!"

"그것 봐요."

지호는 그렇게 말했지만 나는 왜 갑자기 27×18을 하는지 몰랐다. 그냥 넘어갈까 하다가 이모에게 물어보았다.

"우리가 해야 할 곱셈은 225×216이었어. 처음에는 그냥 그걸 곱했지. 꽤 크지만 뭐, 이 정도야. 사실 15×15가 225였고 18×12는 216이었거든. 그런데 확인할 때는 곱하는 순서를 바꿔서 해보고 싶었어. 다르게 보면 뭐라고?"

"다르게 보면 더 잘 보인다."

"좋았어!"

그러더니 225×216이란 사실 15×15 곱하기 18×12라면서, 칠판에 이렇게 썼다.

$$(15 \times 15) \times (18 \times 12)$$
$$= 15 \times 15 \ \times \ 18 \times 12$$
$$= 15 \times 18 \ \times \ 15 \times 12$$
$$= (15 \times 18) \times (15 \times 12)$$
$$= 270 \times 180$$

그래서 27×18만 실수 없이 하면 된다. 물론 마지막에 '0'을 2개 붙이는 것을 잊지 않아야 한다. 그거였다.

지금 이 글을 쓰면서 생각해보니 그때는 왜 생각해내지 못했을까? 우리가 처음에 화장실 바닥의 길이를 잴 때 긴 쪽이

2부 화장실이라는 방

270㎝이고 짧은 쪽이 180㎝였다. 그러니까 넓이를 찾으려면 27×18을 하고 뒤에 '0'을 2번 붙여주면 되는 거였다. 그래서 화장실 바닥의 넓이는 48600㎠! 계산은 복잡해도 생각해보면 간단한데, 이상하게 그때는 생각나지 않았다. 계산이 복잡해서 내가 겁을 먹었나 보다. 그래, 수학을 잘하려면 겁을 먹지 않아야 해!

아무튼 이모는 계속해서 말했다. 270㎝×180㎝가 너무 크다면 미터로 고쳐보라고. 2.7m×1.8m로 계산해도 된다. 이때는 앞으로 두 칸 이동해서 소수점을 찍는 것을 잊으면 안 된다. 그래서 넓이는 4.86㎡!

"어떻게 이모는 계산을 그렇게 잘해요?"

지호가 부러운 듯이 묻자 이모는 그 정도 곱셈은 된다고 했다. 연습하니 쉬워졌다고. 요새도 심심하면 세 자릿수 곱셈을, 가끔은 네 자릿수 곱셈을 연습한다고 했다. 그렇게 곱셈을 하고 나면 생각이 맑아진다나? 집중해서 계산하고 다르게 생각해서 확인해 보고, 그래서 답이 맞으면 기분이 좋다고 했다. 심심하면 곱셈을 한다? 곱셈하고 나면 기분이 좋다? 소냐 이모가 수학에 미친 사람인 것은 맞는 것 같다. 그렇지만 이제는 그 말이 조금은 좋게 들린다.

부피, 화장실에 상자를 몇 개나 넣을 수 있을까?

이제 이모는 부피를 구하자고 했다.

"부피가 뭔데요?"

부피라는 말은 여러 번 들었다. 학교에서 배우기도 했다. 분명 직육면체의 부피를 구하는 공식을 배웠고 상자의 부피를 자로 재보기도 했는데… 부피를 어떻게 설명해야 할까? 이모가 입을 열었다.

"그러니까 부피란 이 방의 크기인데 먼저 밑넓이를 알아야 해. 바닥에 타일을 깔면 몇 개나 들어갈지 우리는 알고 있지? 부피는 이 방에 상자를 몇 개나 채울 수 있느냐 그걸 보는 거야!

한 줄이 얼마나 긴지 알고 싶으면 길이를 구해. 밑바닥이 얼마나 넓은지 알고 싶으면 밑넓이를 구하면 돼. 밑넓이를 알면 바닥에 페인트칠을 할 때 페인트가 얼마나 필요할지 알 수 있지. 직육면체인 이 방이 얼마나 큰지 알고 싶으면 부피를 구해. 부피를 알면 상자를 빈틈없이 채울 때 몇 개가 들어갈지 알 수 있어."

이 화장실 안에는 상자가 몇 개나 들어갈까? 이모는 주머니에서 큰 상자를 꺼냈다. 이모가 꺼낼 때는 작았는데 상자가 바닥에 놓이자 엄청나게 커졌다. 우리 모두 상자 속에 들어가고도 남을 정도로 커졌다. 이모가 말했다.

"바닥을 채울 때는 한 변이 15㎝인 정사각형으로 채웠어. 이 세 빙 진체를 채울 거니끼 싱지를 이용할 기야. 밑면뿐 아니라 높이도 15㎝인 상자로 말이지. 이런 상자를 수학에서는 '정육면체'라고 해. 정사각형들로 되어서 '정', 면이 모두 6개니까 '육면', 입체니까 '체' 그래서 정육면체!"

우리는 방을 상자로, 아니 정육면체로 채워갔다. 바닥을 모두 채웠다. 모두 216개가 필요했다. 그렇게 많은 상자가 어디서 났고, 어떻게 다 채웠느냐고? 욕조와 세면대와 변기는 어떻게 했느냐고? 그건 나에게 묻지 말았으면 좋겠다. 주머니 안의

속주머니에서 이모가 작은 막대를 꺼내서 탁탁 치자 화장실은 텅 비었다. 그리고 상자 하나를 꺼내 구석에 두고 톡톡 치자, 상자가 한 줄로 18개가 주르륵 채워졌고, 그것을 12번 반복했을 뿐이다. 물론 우리가 그 상자에 깔린 건 아니다. 바닥이 반쯤 찼을 때 상자 위로 올라왔다.

"두 번째 줄도 채워야지."

이모는 그렇게 말하고 또 상자를 꺼내서 같은 행동을 반복했다. 216개를 더 채웠다.

"세 번째 줄도, 네 번째 줄도 계속 채우는 거야. 그래서 몇 줄까지 올라가는지 보면 되겠지. 예를 들어 20줄로 쌓는다면 216개 곱하기 20줄이니까. 음, 4320개네. 상자 4320개만큼의 부피겠지? 그런데 이 방법으로 해야 할까? 아무리 마술 막대가 있어도 그렇지 계속하니까 팔이 아프다. 지루하기도 하고."

"저거요. 저거."

발을 동동 구르며 지호가 손을 뻗었다. 화장실의 벽과 벽이 만나는 구석을 가리키고 있었다.

"키를 알아야 해요."

"맞아. 하지만 아니야. 사람한테 키라고 하지만 벽은 키라고 부르지 않아. 그건 높이야. 길이는 길이인데 위로 똑바로 선 길이를 높이라고 해."

어리둥절한 지호에게 나는 천천히 그리고 분명히 말했다.

짝짝짝! 갑작스레 나온 박수 소리에 우리는 깜짝 놀랐다. 이모였다.

"와, 대단하다. 우리가 너무 작아져서 높이가 잘 보이지 않는데, 지호가 높이를 발견했어! 눈으로 보기 어려운 걸 마음의 눈으로 보다니 정말 대단해. 또 우리 수아도 대단하다. 키가 아니라 높이가 맞지. 정확하게 말해야 정확하게 생각하니까. 우리 수아가 딱 맞는 낱말을 써서 표현했어. 너희들 참 똑똑해. 너희가 수학을 싫어했다는 걸 이모는 믿을 수가 없다. 똑똑한 사람이 수학을 싫어할 수는 없거든."

"전 수학을 좋아한다고요."

지호가 말했고 나는 콧방귀를 뀌었다. 이모는 씩 웃으며 계속했다.

"좋아. 화장실의 높이를 알아야겠다. 우리는 작고 천장은 너무 높은데 어떻게 할까요? 우리 똑똑한 수아 님, 지호 님?"

"꼭대기에 올라가서 실을 바닥으로 내리고, 바닥에서 실의 길이를 재면 돼요!"

지호가 천장 구석을 가리키면서 말했다.

"실이 흔들리거나 휠 수도 있으니까 끝에 추를 달면 더 좋겠어요."

"오! 멋지다. 그런데 어떻게 올라가지? 더 쉬운 방법도 있을 것 같은데?"

"드론을 띄워요."

지호의 말에 이모는 빙그레 웃기만 했다. 이번에 내가 나서서 말했다.

"벽에 있는 타일의 개수를 확인해요!"

그렇다. 타일 개수를 세고 곱하면 된다.

"하나, 둘, 셋, …, 열넷, 열다섯!"

15개였다. 상자 216개가 1줄, 또 216개가 2줄, 또 216개가 3줄, … 모두 15줄이니까 216개가 모두 15줄. 곱해야 한다. 또 곱셈이다.

"너무 커. 216도 큰데 거기에 15를 곱해야 한다니."

지호가 실망한 듯 말했다.

"맞아. 크긴 크다. 그래도 여기까지 왔는데 마무리를 지어야지. 천천히 하면 돼. 상자 개수를 확인해 보자. 216×15. 먼저 216×10을 하면 2160. 거기에 216×5를 해야 해. 모두 3240개야."

수식으로 하면 216×10 + 216×5 = 3240이다.
이모는 또 가볍게 곱셈을 마치고 이렇게 말했다.

길이 하나는 15㎝가 18개,
바닥 전체는 15㎝×15㎝의 정사각형 타일이 216개,
방 전체는 15㎝×15㎝×15㎝의 정육면체 상자가 3240개.

18에서 216에서 3240까지. 숫자가 엄청나게 빨리 커진다.

길이는 15×18 = 270cm
넓이는 15×15×216 = 48600㎠
부피는 15×15×15×3240 = 10935000㎤

숫자가 커지는 것이 왠지 무서웠다. 이모가 우리의 표정을 보더니 말했다.
"수가 좀 크면 어때. 이제 우리는 방의 크기를 알아. 방의 크기를 수로 알게 된 거야. 수로 안다는 건 정확하게 안다는 거야. 우리는 해냈어!"

욕조와 샤워기

밀도, 비눗갑 배는 왜 물에 빠지지 않을까?

 우리는 물이 가득 찬 욕조 위로 올라갔고 이모는 어디로 가더니 배를 타고 왔다. 어라, 비눗갑이다. 우리도 비눗갑 위에 올라타서 이모가 주는 구명조끼를 입었다. 우리가 타자 배는 조금 잠겼고 금방이라도 물이 들어올 것만 같아서 무서웠다. 그런데 이모는 오히려 신나 보였다.
 "나 혼자 탈 때는 배가 이렇게 물에 잠기지 않았거든. 그런데 너희랑 같이 타니까 아래로 쑥 들어가네."
 어쩐지 함정 같은 말이었는데 지호가 걸려들었다.
 "무거워졌으니까 그렇죠. 아까는 이모 혼자였지만 지금은 나

랑 누나도 있고."

"정말 무거워졌기 때문일까? 그렇다면 바다 위를 달리는 거대한 배는 아주 무거운데 왜 물에 빠지지 않아? 쌀 한 톨은 가벼운데도 물에 가라앉는데?"

배는 무겁지만 물에 가라앉지 않는다. 큰 배는 차를 싣고, 짐을 싣고, 사람도 태운다. 그런데도 물 위를 미끄러지듯 간다.

내가 생각에 잠겨 있는데 갑자기 이모가 물로 뛰어들었다. 첨벙거리며 물이 튀었다. 이모의 몸이 수면으로 떠올랐다. 이모의 무게가 사라지자 우리 배는 물 위로 조금 올라왔다. 이모는 물 위에 누운 채 천장을 바라보며 느긋하게 말을 이어갔다.

"물에 빠지지 않으려면 물보다 가벼워야 해. 이게 중요해. '물보다' 가볍다는 것. 어려운 말로 '밀도가 낮다'라고 말하지.

스티로폼이나 물거품이 그래. 그것들 안에는 공기가 많잖아. 공기는 둥둥 뜨는 성질이 있고 말이야. 그걸 스티로폼의 밀도가 물의 밀도보다 낮다고 말하지. 무조건 가볍다고 뜨는 건 아니야. 쌀 한 톨은 가볍지만 물에 넣어보면 가라앉거든. 작아도 속이 촘촘하게 차 있어. 쌀의 밀도가 물의 밀도보다 높다는 말이야. 그래서 가라앉아. 화장실에 왔으니까 하는 말이지만 어떤 똥은 뜨고 어떤 똥은 가라앉잖아. 뜨는 똥에는 가스가 찼단 뜻이지. 어려운 말로 밀도가 낮다고 하고."

에이, 더러워. 그런데 지호는 웃으면서 이모 말을 듣는다.

"물에 잠기지 않으려면 이 원리를 거꾸로 생각하면 돼. 원리를 알면 좋은 게 그런 거야. 쇠로 만든 배가 뜨는 이유가 거기 있어. 아무리 무거워도 그만큼 부피를 크게 하면 된다는 거야. 밀도를 낮추는 거지. 자, 그럼 어떻게 하면 될까?"

"풍선을 배 밑에 넣어요."

이모가 묻자 지호가 바로 답했다. 멍청한 녀석 같으니! 나는 지호를 째려봤지만 이모의 반응은 나랑 반대였다. 지호를 향해 엄지를 척 올렸다.

"대단한데? 다만 진짜 풍선은 아니고 풍선 같은 거야. 배의 아래쪽을 비워두는 거지. 배에는 빈방이 몇 개 있어. 풍선의 방이라고나 할까? 그런 게 있으면 부력이라는 게 생겨. 구명조끼 안에 공기가 있어서 우리가 물 위로 떠다닐 수 있는 것처럼."

부력과 부피, 몸집을 크게 하면 물에 더 잘 떠

부피, 밀도, 부력… 잘 모르는 말인데 이모는 마치 우리가 다 알고 있다는 듯 이야기했다.

"뜨려면 부력을 받아야 해. 부력이란 뜨게 하는 힘이지. 밀도가 낮은 물체의 부피를 크게 하면 부력이 커져. 무슨 말인지 모르겠지? 헷갈릴 때 수학의 도움을 받으면 쉽게 표현할 수 있어. 그게 수식의 힘이야. 수식은 더 정확하고 빠르게 생각할 수 있게 도와준다고 했었지? 다만, 단순한 것을 아주 꼼꼼하게 따져 봐야 해. 그럼 부력부터 다시 보자."

이모는 다시 비눗갑 배로 올라왔고, 배는 물속으로 더 들어갔다. 이모는 비밀의 주머니에서 용수철이 달린 저울과 추를 꺼냈다.

"추는 작고 단단해. 빙글빙글 돌면서 내려가는 부분을 용수철이라고 하는데 나선 모양이지. 나선은 조금 있다가 자세히 이야기하고 지금은 부력에 집중해 보자."

이모의 말이 점점 빨라지던 중에 나는 무언가를 이해한 느낌이었다. 글을 쓰는 지금 이모가 그때 한 말이 생생하게 기억나는 걸 보면 맞다. 내가 그때 이해한 거다.

추는 작고 단단하다. 그건 밀도가 높다는 말이다. 밀도란 촘촘한 정도? 꽉 찬 정도라고 이해하면 된다. 추는 물보다 밀도가 높다. 그러니까 물에 빠진다. 이모가 추를 저울에 밀자 저울의 바늘이 돌아가며 무겁다는 표시를 했다. 그런데 이모가 추를 물에 담그자 저울의 바늘이 살짝 되돌아왔다. 아니, 어떻게 저럴 수 있지? 추가 가벼워진 거야? 나와 지호의 눈이 휘둥그레 해졌다. '추는 물에 잠겼지만 가벼워졌다!'

그때 이모는 이렇게 말했다.

"추가 스스로 가벼워진 것이 아니야. 부력을 받았어."

숨을 한번 고르고 한마디 덧붙였다.

"물이 밀어주고 있는 거야."

부력을 받는다는 것, 물이 밀어준다는 것은 이런 거다. 예를 들어 오르막을 오르는 수레를 뒤에서 밀어주면 수레가 훨씬 가볍게 올라간다. 또 친구가 무거운 가방을 멨을 때 뒤에서 친구 몰래 살짝 들어주면 가벼워진다.

이모는 추를 꺼내서 바람 빠진 풍선을 묶었다. 지호가 그걸 물에 넣었지만 달라지는 건 없었다. 지호는 실망했다. 무슨 마술 같은 일이 또 일어나나 궁금했던 모양이다. 그때 이모가 풍선이 연결된 줄에 펌프질하자 풍선이 부풀었다. 그러자 추가 물 위로 떠 올랐다! 저거구나, 밀도가 낮은 부피를 크게 한다는 것이! 풍선이 없는 추와 풍선을 매단 추는 무게가 거의 같은데도 풍선에 공기를 넣으면 상황이 달라진다. 마치 추가 구명조끼를 입은 것처럼 밀도가 낮아졌기 때문이다. 즉 부피가 커진 거다. 물이 추를 삼키려고 하지만 풍선은 밀어내는 거다. 밀도 때문이다. 추는 밀도가 높고 풍선은 밀도가 낮다. 바로 이게 부력이구나.

"자, 이제 수학이 무엇을 하는지 볼까? 배가 안전하게 가려면 물의 힘만큼이나 수학의 힘이 중요해."

이모는 종이를 꺼내며 말했다.

"배가 뜨려면 부력이라는 힘이 필요해. 그거면 충분해. 그건 물의 힘이지. 그런데 수학에도 힘이 있어. 수학의 힘은 밀고 당기는 그런 힘은 아니야. 수학의 힘은 지금까지 했던 우리 생각을 짧고 정확하게 표현하도록 해준다는 거야."

그러면서 이모는 종이에 썼다.

$$부력 = 수 \times 부피$$

"여기서 '수'는 물의 밀도만 알면 간단히 알 수 있는 수이고 '부피'는 물에 잠긴 부분의 부피를 말해. 이게 아르키메데스 님이 찾아낸 거야. 우리가 길게 이야기한 것이 몇 글자로 끝났지? 식을 보자. 부피를 알고, 곱셈만 할 줄 알면 부력이 얼마나 큰지 알 수 있다는 말이거든. 얼마나 간단하니?"

부력을 결정하는 것은 부피다. 그리고 곱셈이면 된다. 수식은 이 두 가지 중요한 사실을 말해준다. 엄청 복잡한 것들이 간단해지니 놀랍지 않냐고 이모는 눈을 크게 뜨며 물었다. 나도 조금 놀랍기는 했다.

"부피와 곱셈만 알면 부력을 알 수 있어. 배를 바다에 뜨게 하려면 배 안에 있는 풍선의 방을 얼마나 크게 해야 하는지 알 수 있다는 말이지. 그렇다면 남은 건 부피야. 그럼 부피는 어떻게 구할까?"

이모는 아래에 한 줄을 더 썼다.

$$부피 = \frac{질량}{밀도}$$

"이번에는 나눗셈만 알면 돼. 식은 말하고 있어. 밀도를 낮추면 부피가 커지는 효과가 있다고. 배는 정말 무겁지만 풍선의 방을 만들면 밀도가 낮아져. 분모가 작아진 거지. 분모가 작아지면? 그래! 전체 값은 커져. 즉, 부피가 커지지. 부피가 커지면?"

$$부력 = 수 \times 부피$$

'부피'라는 글자를 톡톡 치면서 이모는 말했다.

"부피가 커지면, 부력도 커지지? 곱하기니까. 부피가 커져서 부력도 커지면, 물이 배를 위로 밀어내는 거야. 그렇다고 배에 물건을 한없이 실을 수 있을까? 그건 아니야. 너무 많이 실으면 가라앉거든. 얼마까지 실을 수 있냐고? 그걸 알기 위해서는 수식이 필요하고, 계산해야 하지. 계산해서 나온 값보다 더 실으면 안 되니까. 계산을 잘못하면 배가 가라앉을 수도 있어. 배가 뜨는 원리를 수학으로 표현하지 못하면 계산할 수 없고, 계산하지 못하면 배는 위험해져. 큰 배는 아예 만들 수 없지. 즉 수학이 없으면 배도 없다. 오케이?"

포물선, 샤워기 물은 곡선으로 떨어져

우리는 비눗갑 배를 타고 천천히 물 위를 미끄러졌다. 우리를 밀어 올리는 힘이 물에서 나온다니, 물의 힘은 어디에서 오는 것일까?

생각에 잠겨 있는데 깜짝 놀랄 일이 벌어졌다. 하늘에서 커다란 물기둥이 우리에게 쏟아진 것이다. 우리가 이렇게 작아지지 않았다면 저 정도는 별것 아니겠지만, 지금은 물 한 방울도 폭탄 같은 상황이었다. 욕소의 물이 출렁대고, 비눗갑 배가 흔들렸고, 우리도 물에 빠지기 직전이었다.

"흥! 이럴 줄 알았어."

느닷없이 쏟아지는 물 폭탄에 나와 지호는 허둥댔지만 이모는 하나도 놀라지 않았다. 오히려 기다린 사람처럼 침착했다.

"우리에게 물을 뿌린 자들은 '수학에 반대한당' 소속 사람들이야. 세상에는 여러 단체가 있거든. '수학은 암기당'도 있고 '수학은 풀기당'도 있어. 그 사람들이 모여서 무슨 단체를 만들었어. 수학은 무조건 외워서 죽도록 푸는 것일 뿐이고, 결국 수학은 배울 필요 없다고 주장하는 사람들의 모임이지. 그 단체의 이름이 뭐라더라? '모르겠당'이었나? 하하."

물은 물줄기
하늘에서 땅으로 와서 강을 지나
좁니좁은 길을 지니
큰 수도관을 지나 작은 수도관을 지나
물은 아주 작은 구멍에서
뿜어 나와. 쭉, 쭉, 앞으로! 전진! 전진!
그러나 물은 방울, 물방울
방울은 아래로 방울은 아래로
물은 앞으로, 물은 아래로

이모는 무섭지도 않은지 샤워기를 바라보며 노래를 불렀다. 그런데 수학에 반대한당의 폭탄은 우리를 정확히 맞추지는 못했다.

"샤워기에서 나온 물은 앞으로 나가려는 성질이 있어. 하지만 물이 가는 길을 잘 보면 직선이 아니야. 물방울은 아래로 떨어지는 성질도 있거든. 빗방울이 아래로 떨어지듯이. 처음에는 일직선으로 나가는 것 같지만 물줄기가 휘면서 땅으로 떨어지지. 이건 곡선이야."

이모는 잠시 숨을 고르고 외쳤다.

"곡선 중에서도 포물선이라는 곡선! 대포를 쏠 때 날아가는 물체가 그리는 곡선을 **포.물.선.**이라고 해. 샤워기에서 나온 물도 대포알처럼 물방울이 발사된 거야. 그래서 포물선이라는 곡선을 그리며 날아가지. 원도 곡선이고, 나선도 곡선이지만 각각의 이름이 있듯이, 이 곡선은 포물선이라는 이름이 있어. 이름이 있다는 것은 소중하다는 말이지. 수아와 지호가 이름을 가진 것도 너희들이 소중해서 그래."

포물선이라는 말도, 물줄기가 곡선으로 떨어진다는 말도 처음 들었다. 그런데 이모의 말을 들으니 내 가슴에 따뜻한 무언가가 차오르는 것 같았다.

이모는 이어서 말했다.

"수학은 말한다. 저 물줄기가 가는 길은 곡선이고 그 곡선은 포물선일 수밖에 없다고. 다른 어떤 것도 아니다. 포물선이다. 분수대의 분수는 포물선이다. 홈런으로 담장을 넘어가는 야구공도 바닥에 튕긴 농구공도 포물선을 그리며 날아간다. 대포를 쏘면 포탄도 포물선으로 움직인다. 그래서 대포를 쏴서 목표를 정확히 맞추려면 포물선의 원리를 알아야 한다."

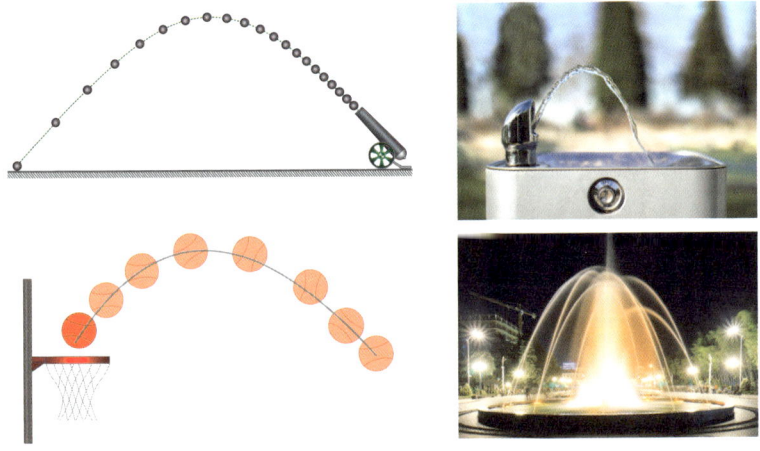

대포알과 농구공이 날아갈 때 물체가 그리는 곡선을 포물선이라고 한다.
수도꼭지와 분수대의 물도 포물선 모양을 그린다.

이제 알았다. 저 물 폭탄이 왜 우리를 명중시키지 못했는지!

물방울도 샤워기 구멍에서 터져 나오는 순간 대포알처럼 포물선을 그린다.

"수아가 고등학생이 되면 이 포물선을 학교에서 만날 거야."

그런 날이 올까? 나는 그날이 오지 않았으면 좋겠다는 생각도 들고 그날이 어서 와서 포물선의 원리를 제대로 알고 싶은 마음도 들었다.

나선, 욕조 물이 빠지려면 소용돌이가 필요해

뭔가 느껴졌다. 우리는 천천히 아래로 내려가고 있었다. 샤워기에서 물이 떨어지는 것도 아니고, 우리가 가라앉는 것도 아닌데 물이 빠지고 있었다. 욕조 물을 뺐나 보다. 누구의 짓이지?

"수학에 반대한당의 두 번째 공격이 시작되었군. 내가 예상했던 것과 그대로야."

이모는 자신 있게 말했지만 우리는 조금씩 욕조 구멍 쪽으로 빨려 들어갔다. 점점 회전 속도가 빨라져 위험한 것 같은데 이모는 신이 났다.

"중요한 건 저거야. 저걸 봐, 물이 어떻게 돌고 있는지. 소용돌이의 모양이 나선이지?"

이모가 말하는 동안에도 회전은 점점 빨라졌다. 말로만 듣던 소용돌이였다. 조금 어지러웠지만 이모가 중요하다는 물의 모양을 바라보았다. 물이 깊어지면서 소용돌이가 분명해지고, 그래서 나선 모양도 선명해졌다. 그럴수록 우리가 회전하는 속도도 더 빨라졌다.

그런데… 이게 어쩐 일이지? 중앙의 구멍이 커지고 있었다. 물론 소용돌이도 거세지면서 나선은 어마어마한 원을 만들었다. 지호가 걱정되어 고개를 돌렸다. 어라? 지호가 어디 간 거지? 그런데 이모도 보이지 않았다. 나 혼자야? 무서워져서 울음이 터지려는 찰나, 내 몸이 더욱 작아지더니 콩알만 해졌다. 이제 이모와 지호가 보였다.

"놀랐지? 수아가 늦게 작아져서 나도 놀랐어. 이제 괜찮아. 우리는 지금 점점 작아지고 있어. 걱정 마, 이모가 언제나 너희를 지켜줄 거야."

우리는 소용돌이를 따라 큰 원을 그리며 빠르게 회전했고, 회전하는 만큼 욕조 깊숙이 빠져들었다. 지호는 신이 나서 소리를 질렀다. 마치 롤러코스터를 탄 것 같았다. 어느새 안전 장

비가 우리의 몸을 붙들고 있었다. 머리에는 금속으로 된 헬멧도 반짝반짝 빛나고 있다. 게다가 비눗방울 같은 투명한 막이 우리 셋을 감싸고 있었다.

속도가 더 빨라지자 우리는 소용돌이의 면과 거의 직각으로 회전했다. 이모의 소원대로 나는 확실하게 나선을 느꼈다. 욕조 구멍의 바로 앞까지 다 왔다. 이모를 못 믿는 건 아니지만, 저 안으로 들어가고 싶지는 않다. 악! 욕조 구멍으로 빨려 들어간다! 그래서… 그다음엔 어떻게 되었을까?

별일은 없었다. 우리는 이모가 준비한 헬리콥터를 타고 무사히 집으로 돌아왔으니까! 정말 강렬한 수학 모험이었다. 여러분도 기회가 되면 나선을 몸으로 왕창 느껴봤으면 좋겠다. 나신형 롤리고스디를 디게 된디면 나를 기어해주긴 바란다!

화장실 속 나선

스크루 펌프, 회오리 감자 모양이 물을 끌어올린다

우리는 원래 크기로 놀이공원에 놀러 갔다. 미끄럼틀과 롤러코스터를 타고, 떡볶이와 김밥도 먹었다. 지호는 가장 좋아하는 회오리 감자를 사 가지고 왔다. 집으로 돌아온 우리는 날이 더워서 마당의 스프링클러로 물을 뿌렸다. 스프링클러는 이모가 재미로 설치했다고 했다. 물이 퍼지는 모양이 예쁘고, 주변에 꽃과 풀까지 심으니 마당이 아름다워졌다고 한다. 이모는 원리를 알고 있어서 직접 손으로 만들었다고 했다. 우리 이모, 정말 멋지다!

이모는 지호가 회오리 감자를 먹는 걸 보다가 자리에서 일어

났다. 그리고 주머니를 뒤지더니 무언가를 꺼냈다. 'T'자 모양의 얇은 나무였다. 손바닥으로 돌려 날리자 천천히 하늘로 날아올랐다. 회오리 감자를 먹던 지호의 눈이 번쩍거렸다. 이모는 주머니에서 또 하나 꺼내어 똑같이 했다. 역시 날아올랐다. 우리 셋은 그 얇은 나무를 하늘 위로 한참 날리며 놀았다.

방에 들어와 쉬고 있는데 이모가 입을 열었다. 그제야 깨달았다. 우리는 그냥 놀기만 한 것이 아니었다. 이모는 'T'자 모양의 나무와, 회오리감자와, 스프링클러와, 롤러코스터와, 솜사탕이 언뜻 보면 하나도 관련 없어 보이지만 수학의 눈으로 보면 공통점이 있다고 했다. 우리의 나선 이야기는 그렇게 시작되었다.

이모는 세면대에 물을 채웠다. 그리고 주머니에서 손잡이가 달린 길쭉한 원통을 꺼냈다.

"내가 손잡이를 돌려볼 거야. 무슨 일이 일어나는지 잘 봐."

말한 대로 이모는 손잡이를 돌렸다. 아무 일도 일어나지 않았다. 우리는 김이 빠졌다. 그런데 이모는 손잡이를 돌리면서 원통의 한쪽 끝을 세면대에 슬쩍 넣었다. 잠시 뒤에 물이 원통의 반대쪽 끝으로 흘러나오기 시작했다. 어라? 눈이 동그랗게 커진 나와 지호를 보며 이모는 살짝 웃었다.

이번에는 투명하게 안이 들여다보이는 원통을 하나 더 꺼냈다. 내부는 지호가 좋아하는 회오리 감자 모양이었다. 손잡이를 돌리자 물도 빙글빙글 돌며 따라 돌아갔다.

"이런 걸 '스크루 펌프'라고 해. 빙글빙글 돌면서 물을 끌어올리지. 아주 옛날부터 이 원리를 썼어. 강물이나 호수에서 물을 당겨서 땅으로 보냈지. 아르키메데스 님이… 스크루, 우리말로 하면 '나선의 원리'를 밝히셨지. 수아가 말을 하기 시작할 때, 지호가 태어난 지 얼마 안 되었을 때 나는 아르키메데스 님의 글을 읽고 놀라버렸어. 세상에! 2천 년 전에 그런 생각을 하다니! 아르키메데스 님은 나의 영원한 짝사랑이야. 하하!"

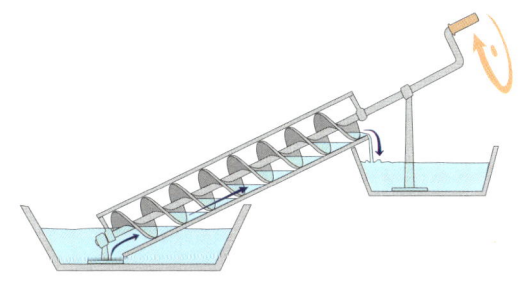

잠깐! 아르키메데스 님을 알아볼까요?

아르키메데스 님은 기원전 287년경에 고대 그리스 시라쿠사에서 태어났습니다. 역사상 가장 위대한 수학자이자 물리학자입니다. 아르키메데스 님은 인류에게 소중한 유산을 많이 물려 주셨어요. '아르키메데스 원리'라 불리는 부력의 원리, 지레의 원리, 무게 중심의 원리를 밝히고 나선, 원, 회전체 같은 도형들의 중요한 성질을 발견했어요.

날개, 비행기와 헬리콥터도 나선이 필요해

 스크루 펌프가 물을 어떻게 끌어 올리는지 정확하게 알 수 있도록 이모는 설명을 시작했다.

 "이게 축이야. 여기 나선 모양인 날개가 있지. 밑에 콩을 넣어볼게. 이 날개들이 축을 따라 빙글빙글 돌면서 계단을 밟고 올라가듯 콩을 위로 한 칸씩 들어 올리지?"

 이모는 원통에 작은 콩을 넣고 돌렸다. 콩들이 소리를 내면서 아래에서 위로 올라갔다. 거꾸로 돌리면 내려오기도 한다. 신기했다. 이모는 이번에 주머

니에서 우표 그림을 꺼냈다. 스크루 펌프 같은 것이 날개처럼 달려있었다.

"이건 레오나르도 다 빈치라는 유명한 화가가 5백 년 전에 발명한 헬리콥터야."

헬리콥터라는 말은 나도 안다. 그런데 헬리+콥터라는 말을 우리말로 그대로 옮기면 '나선 날개'라고 한다.

"다 빈치는 아주 유명한 화가야. 5백여 년 전의 사람이지. 미술관에서 다 빈치의 그림을 본 적이 있거든. 정말 대단하더라. 수많은 사람 속에서 작은 그림 하나가 환하게 빛나는 거야. 완전 감동이었어."

이모는 잠깐 꿈을 꾸는 듯한 표정을 짓다 말고 다 빈치가 그린 수학 도형들도 보여주었다.

"다 빈치는 천재 화가이자 천재 발명가야. 다 빈치가 남긴 공책을 보면 그가 수학 공부를 많이 했고 자주 수학으로 생각했다는 것을 금방 알 수 있지. 이 헬리콥터가 정말로 날 수는 없어. 실제로 날기 위해서는 더 생각할 게 많아. 일단 너무 무거워. 네 사람이 타서 톱니바퀴를 돌려서 날개를 돌리는 원리인데 그 정도로는 어림없지. 훨씬 빨리 돌아야 하거든. 날개도 너무 넓어서 바람에 많이 흔들리겠지? 잘못하면 뒤집어질 거야."

그래도 다 빈치는 천재라며 이모는 말을 이어갔다. 보통 사람들은 나선 날개를 물을 퍼 올리는 용도로 만족했는데 다 빈치는 거꾸로 생각했다. 당장 필요한 것만이 아니라 세상에 없는 것을 원리만으로 상상해낸 것이다. 물을 퍼 올린다면 공기도 퍼 올릴 수 있다. 다 빈치는 공기를 빠르게 많이 퍼 올리면 공중에 뜰 수 있다고 생각한 것 같다. 정말 기발하다.

사람들은 여기에서 그치지 않고 더 많이 발명했다. 중간에 실패도 있었지만, 결국 점차 나아졌다. 이제는 바람이 없어도, 노를 젓지 않아도 배가 앞으로 움직일 수 있다. 프로펠러를 발명했기 때문이다. 헬리콥터와 비행기가 하늘을 날 수 있는 것도 프로펠러 덕이다. 물론 다 빈치의 나선 날개보다 훨씬 복잡하지만, 나선과 나선 날개가 그 모든 것의 시작이었다.

다 빈치의 헬리콥터를 그림으로 그려보면 이런 모양이다.

"그러니까 단순한 것을 만났을 때 아주 정확하고, 철저하고, 꼼꼼하고, 완벽하게 접근해야 해. 이때 수와 도형이 우리를 도와주지."

이모는 잠시 숨을 고르고 사진 2장을 더 꺼냈다.

"자, 배와 비행기가 움직일 때의 사진이야. 프로펠러를 지나는 물을 찍고 착륙하는 비행기 주위에 연기를 피워서 사진을 찍었어. 어떤 모양인지 본 거지. 물도 연기도 나선 모양으로 빙글빙글 돈다. 그렇지?"

미국 해군이 1940년대에 촬영한 사진. 배의 프로펠러를 지나는 물이 어떤 모양인지 찍었다. 나선 모양이다.

미국 나사(NASA)에서 1990년대에 찍은 사진. 착륙하는 비행기 주변에 연기를 피워서 바람의 모양을 찍었다. 나선 모양이다.

나사못, 빙글빙글 돌면 힘이 세져

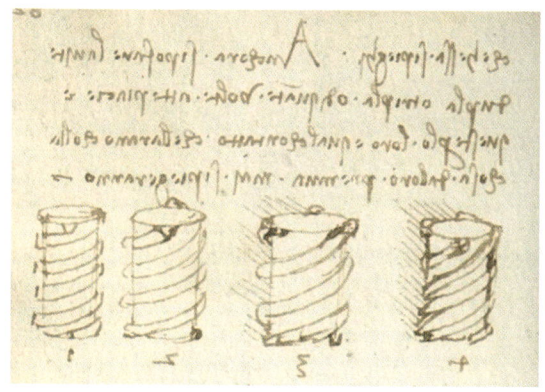

이모는 다 빈치의 그림을 하나 더 보여줬다.

"나선 날개와 같고도 다른 그림이야."

나선 날개 그림과 이 그림이 무엇이 같은지 찾아봤다. 쉬웠다. 둘 다 원통 주위를 빙글빙글 돌면서 나선이 올라간다. 다른 것도 있다. 스크루 펌프나 나선 날개는 얇고 넓은 것이 원통 주위에 붙었는데 이 그림은 반대다. 좁고 두꺼운 것이 착 달라붙었다. 별것도 아닌데 이걸 찾는 건 쉽지 않았다. 알고 나니까 뻔했는데 말이다.

다 빈치의 이 그림은 볼트랑 비슷하다. 볼트는 우리 주위에 정말 많다. 볼트는 주위를 잘 둘러보면 어디에나 있다. 기찻길 철로에도 있고, 책상과 의자 같은 가구에도 있다.

볼트는 우리 주변에서 쉽게 찾을 수 있다. 가구를 조립할 때도, 건물과 다리에도 볼트가 쓰인다.

이모가 볼트를 가져오자 지호가 한참 살피더니 문 쪽을 가리키며 외쳤다.

"저거다, 저거!"

그게 무슨 뜻인지 나는 몰랐다. 그런데 이모는 빙긋 웃으며 나사못 하나를 보여주었다. 맞다. 볼트의 끝을 뾰족하게 하면 나사못이다. 나사못이 문과 벽을 직각으로 뚫고 들어가 잡아주기 때문에 저 무거운 문이 버티고 선다. 나는 까맣게 잊고 있었는데 지호가 그걸 기억해낸 것이다.

이모는 예전에 했던 말을 다시 강조했다.

"직각으로 뚫고 들어가야 오래 버틸 수 있어."

이모는 그림도 그렸다. 아주 오랜 옛날엔 이걸로 올리브를 찧어 기름을 짰다고 한다. 손잡이를 돌리면 나사가 빙글빙글 돌며 내려간다. 그리고 기다란 손잡이를 돌리면 적은 힘을 들이고도 올리브를 세게 찧을 수 있다. 순간, 무언가가 내 머리를 스쳤다.

"지렛대다!"

내 목소리가 컸는지 이모와 지호가 깜짝 놀랐다. 지호는 무슨 말인지 이해하지 못한 것 같지만, 이모는 벌써 웃고 있다. 맞다. 손잡이를 길게 하면 힘이 적게 든다. 길이가 힘으로 바뀌니까. 바로 지렛대 원리다. 간단한 원리 몇 개를 알면 그것이 모여서 대단한 힘을 발휘하다니, 참 신기하다.

이모는 이 '간단한 원리'를 너 정확히 말해주었다. 프로펠러든, 나사못이든, 올리브 압착기든 원리는 같다. 프로펠러는 빙글빙글 돈다. 이렇게 회전하는 힘을 받아 배가 앞으로 나간다.

나사못도 빙글빙글 돌면서 정면의 벽을 뚫고 들어간다. 올리브 압착기도 손잡이를 빙글빙글 돌리면 위에서 아래로 움직이며 올리브를 내리누른다. 이것을 이모는 멋진 말로 간단히 말했다.

"원운동이 직선운동으로 바뀌는 거야. 나선은 전혀 다른 그 두 운동을 하나로 묶어줘. 그게 나선의 진짜 힘이야."

그리고 하나를 알면 열을 알 수 있다. 나선 하나를 정확하게 알면 나선의 원리가 들어가는 모든 것에 대해 알 수 있다. 이런 게 수학의 힘이다. 이상하게 토마아드 탐험가가 된 후로 내가 점점 똑똑해지는 것 같다.

환풍기,
화장실에 숨은 바람의 나선

"그런데 이모, 나선이 화장실에도 있어요?"

갑작스러운 지호의 질문에 이모는 영문을 모르겠다는 표정이었다. 지호가 다시 말했다.

"우리는 화장실에서 수학을 찾자고 했는데… 나선이 화장실에도 있어요? 나사못 말고요."

이모는 싱긋 웃으며 이렇게 말했다.

1. 나선은 수학에서 아주 중요한 곡선이다.
2. 수학은 어디에나 있다.

게다가 우리가 이미 봤듯이 화장실에는 수학이 많다. 이 두 가지 사실에서 우리가 알 수 있는 것은? 답은 뻔하다.

"결론! 나선은 틀림없이 화장실에 있다! 다만 어디에 있느냐, 그것이 문제이다."

이모는 이렇게 말하더니 우리와 함께 화장실로 갔다. 우리가 작아졌을 때 화장실은 거대해 보였는데, 오늘 보니 무척 비좁았다. 나와 지호만 들어가 화장실을 찬찬히 둘러보았다. 아, 샤워기 호스의 줄이 나선 모양으로 둘둘 말렸다. 휴지도 말려 있다. 이모는 원운동을 하면서 직선운동을 한다는 게 나선의 힘이라고 했는데, 가만히 있는 호스나 휴지도 나선일까?

이모는 그것들도 나선의 일종이고 그것 말고도 나선은 우리 주위에 많다고 했다. 그렇지만 아무리 둘러봐도 알 수 없었다. 스위치가 딸각거리는 소리가 났다. 곧 화장실에 윙 소리가 울려 퍼졌다. 앗! 환풍기!

"저것도 나선에서 왔지. 프로펠러잖아."

그런데 어떤 원운동이 어떤 직선운동으로 바뀌는 걸까? 그 생각을 하자마자 이모는 내 생각을 읽은 것처럼 말했다.

"배의 프로펠러는 물을 빨아들인 후 뒤로 보내면서 앞으로 나가지. 비행기의 프로펠러도 공기를 빨아들인 후 뒤로 보내면서 앞으로 나가고. 선풍기는 날개 뒤의 공기를 빨아들인 후 앞으로 밀면서 우리에게 시원한 바람을 주는 거란다. 저 환풍기도 마찬가지야. 화장실 안의 공기를 모아서 환풍기 통로로 보내. 그럼 내부의 냄새도 빠지는 거야."

이모는 향을 피워서 연기가 나게 한 다음 그것을 환풍기 가까이 댔다. 제멋대로 올라가던 연기가 환풍기를 틀자 그 안으로 빨려들더니 사라졌다.

생긴 것은 서로 다르지만 환풍기는 모두 '나선'과 관련이 있다.

"목욕할 때 뜨거운 물을 오래 틀면 수증기 때문에 숨쉬기가 어렵지. 그런데 환풍기를 틀면 숨쉬기 좋아지잖아. 그것도 나선 덕분이야."

다음에 목욕할 때 환풍기를 틀어봐야겠다고 생각했다.

"이리 와 볼래?"

이모가 부르는 곳으로 갔다.

"프로펠러 모양도 참 중요해. 일반적인 선풍기인데, 잘 봐."

이모는 우리에게 뒤로 몇 발자국 이동해서 손을 벌려보라고 하고는 선풍기를 켰다. 바람이 손에 고루 퍼졌다. 우리가 한발씩 뒤로 갈 때마다 바람이 약해졌다. 바람이 넓고 짧게 오는 느낌이었다. 이모는 선풍기 옆에 있던, 좀 더 작은 기계를 켰다. 그것도 우리에게 바람을 보냈다. 뒤로 한참 가도 바람이 느껴졌다. 바람이 좁고 길게 오는 것 같았다.

이모는 그것을 '서큘레이터'라고 불렀다. 선풍기와 원리가 거의 비슷하지만 바람을 좀 더 멀리 보내기 위해 만든 것이라고 했다. 바람이 기둥처럼 좁아야 멀리까지 보낼 수 있다. 선풍기는 바람을 접시처럼 넓고 짧게 보낸다. 우리는 자리를 옮기며 바람을 느껴보았다. 이모 말이 사실이었다.

"선풍기나 서큘레이터는 둘 다 바람을 일으키지만 바람의 모양이 달라. 서큘레이터는 나선 날개 모양으로 빙글빙글 돌면서 가기 때문에 기둥 모양으로 더 강력한 바람이 나가는 거야. 총알도 그렇거든. 총알을 멀리 보내기 위해서 총 안에 나선 모양의 홈을 팠지. 총알이 그 홈을 따라 돌아서 총 밖에 나와서도 빠르게 움직여. 나선 덕분에 원운동과 직선운동이 함께 일어나는 거지."

용수철, 샴푸가 나오는 건
나선과 압력 덕분이야

 환풍기가 전부가 아니었다. 화장실로 돌아와 이모는 변기 뚜껑을 열었다. 잘 보라며 물을 내렸다. 어라? 빙글빙글 돌면서 내려갔다. 소용돌이 나선이었다. 이모는 나선으로 내려가야 물이 빨리 내려간다고 했다.

"변기에선 물이 아주 빨리 움직여야 해. 물은 빨리 나가기 위해 빙글빙글 돌면서 앞으로 나아가지. 변기의 물만 그런 게 아니야. 이세 태풍이 몰고 오는 구름 사진인데, 이것도 모양이 똑같지? 그 무섭다는 토네이도가 어떻게 돌고 있니?"

태풍을 몰고 오는 구름. 태풍은 가운데 '눈'을 중심으로 나선 모양을 하고 있다.

"'돌아가는 것이 빨리 가는 것이다.' 나는 항상 나선을 볼 때마다 그 생각이 들더라. 이 말도 정말 멋있지 않니?"

그게 다가 아니었다. 예상하지 못한 곳에 나선은 또 있었다. 이모는 물비누를 가져왔다

"나선은 여기도 있어. 내가 이걸 누르면 어떻게 될까?"

"당연히 물비누가 나오죠."

이모는 물비누 통의 머리를 꾹 눌렀다. 물비누가 나왔다.

"자, 내가 궁금한 건 바로 이거야. 나는 물비누 통의 머리를 아래로 눌렀는데 물비누가 어떻게 바깥으로 나왔는지, 눌렀던 머리는 어떻게 원래 자리로 왔는지?"

"이모, 혹시 여기에도 나선이 있어요? 아무리 봐도 없는데?"

이모는 바로 물비누 통의 뚜껑을 열었다. 뚜껑을 계속 분해하니 작은 쇠줄이 들어있었다. 이모는 쇠줄을 늘이면서 말했다.

"이걸 용수철이라고 불러. 스프링이라고도 하고. 크기는 작지만 원리는 같아. 철이 빙글빙글 돌잖아. 나선 날개나 다 빈치의 그림과 비슷하기도 하고."

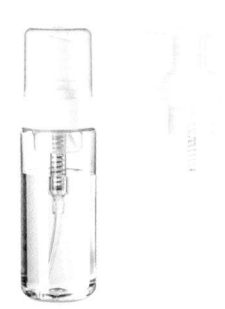

샴푸 통과 화장품 통처럼 눌러서 액체가 나오는 것은 나선 모양 스프링의 도움을 받는다.

용수철은 누르면 들어가고 손을 떼면 제자리로 돌아오는 성질이 있다. 이런 용수철은 저울에도, 지호가 콩콩 뛰며 놀던 트램펄린에도, 침대에도 가득 들어있다. 나는 우리 모두를 위해 중요한 질문을 하기로 마음먹었다.

"이모! 그래서 왜 물비누가 쭉 나오는 거예요?"

이모는 웃으며 답했다. 원리는 간단하다. 물비누 통의 머리를 누르는 것은 펌프질하는 것과 같다. 물비누 통의 머리를 누르면 스프링이 눌렸다가 풀리면서 통 안의 공기가 압축된다. 물비누 통은 그대로인데, 정확히 말하면 부피는 그대로인데 누를 때마다 압력이 올라가니까 통 속의 비누를 밀어낼 수밖에 없다. 그리고 비누가 나올 수 있는 구멍이 한 군데라서 위로 나오는 것이다.

나선은
어떻게 만들까?

 나선은 정말 특별하다. 그리고 나선은 정말 많다. 이제 전기선을 보오할 때 돌돌 감는 첨선에서 나선이 보이고, 아빠와 엄마가 와인을 마실 때 쓰는 와인 따개에서도 보인다. 손의 지문에서도 나선이 보이고 바람에 나뭇잎이나 비닐 봉지가 빙글빙글 도는 것에서도 나선을 발견했다.

 가끔 나선을 그려보곤 했다. 연필을 잡고 빙글빙글 돌렸지만 낙서처럼 보일 뿐이었다. 나선은 어떻게 그릴까? 원은 컴퍼스로 그리면 되고, 사각형은 자로 그리면 된다. 그렇다면 나선은 무엇으로 그리지? 이모에게 전화를 걸었더니 솜사탕을 사서 바로 집으로 왔다.

 이모는 그날 나선을 그리는 여러 방법을 알려주었다. 원과 직선을 여러 개 그어 얻을 수도 있었고, 반원을 이어갈 수도 있었으며, 정사각형을 여러 개 그리거나, 삼각형을 반복해서 얻을 수도 있었다. 그런데 그렇게 한참 나선들을 그려 놓고는 이모는 뜻밖의 말을 했다.

 "내가 여기 그린 것은 어떤 것도 정확하지 않아. 비슷할 뿐이지. 정말 정확한 것은 내 가슴과 머리에 있어. 아무리 정확하게 그리려고 해도 손으로 그리면 비뚤어지거든. 도구가 아무리 좋아도 수학만큼 정확할 수는 없어."

 이 말을 나도 이제는 어느 정도 이해한다. 이모가 저런 말을 할 때는 정말 멋져 보인다.

 "내 그림이 정확하다고 할 수 없는 이유가 또 있어. 뭐냐고? 나선은 우리가 상상하는 만큼 많기 때문이야."

 이모는 그림책을 펼쳤다. 그건 다 이모가 그린 것이라고 했다. 이모는 나선 때문에 수학 공부를 시작했고 자주 나선을 그렸다. 나선이 들어간 그림이나 사진도 많이 모았다고 한다. 이것 중 대부분은 수식으로 표현할 수 있고 컴퓨터로 그릴 수도 있다고 했다.

4부 화장실 속 나선

    나선은 정말 많은 곳에 있고 사람은 아직도 나선을 다 모른다는 말도 했다. 이모는 식물의 뿌리가 땅속으로 들어갈 때도 나선 운동을 한다고 했다. 얼마 전에 어떤 과학자가 밝혀내서 이모도 최근에야 알았다고.

    그날 우리가 잠을 자러 가는 길에 이모는 내 귀에 대고 비밀을 말하듯 속삭였다.

    "수아야, 그거 아니? 알고 보면 원도 나선이다!"

수학 탐험대의 방학

생각하는 것이
즐거워졌어!

화장실 수학 탐험대에도 방학이 있었다. 어느 날 아침 이모가 말했다.

"수아, 지호. 나의 사랑하는 토마아드 탐험대 여러분, 오늘부터 방학이 시작됩니다."

우리는 의자에 앉아 문제를 푼 게 아니었다. 새끼손가락보다 작아져서 문을 밀고 바닥을 걷고 그림을 그리며 대화만 한 것 같다. 그런데 신기하게도 수학을 더 알게 된 것 같다. 예전에는 수학이 재미없고 필요 없다고 생각했다. 지금은 꼭 그런 건 아닌 것 같다. 슬슬 수학이 재미있어지려고 하는데 불쑥 방학이라니 의아했다. 지호가 물었다.

"방학이요? 화장실에서 방학해요? 언제까지 하는데요?"

이모는 이모답게 질문으로 답했다.

"언제까지 했으면 좋겠니?"

그러면서 지호와 나를 번갈아 보았다. 지호는 나를 보았고 나는 이모를 보며 말했다.

"이모는 언제까지 방학하면 좋겠어요?"

별생각 없이 말했는데 이모가 미소를 지었다. 내가 이모를 조금 닮아가는 것 같다. 질문이 많아졌다. 수학 탐험 탓인가?

"어제까지로 하면 될까?"

이모의 난데없는 이 말에 나와 지호는 동시에 소리를 냈다.

"에-예-?"

오늘부터 방학이 시작됐는데 어떻게 어제까지가 방학이냐고 그건 말이 안 된다고 나와 지호가 번갈아 따지자 이모는 눈만 끔벅끔벅하더니 우리의 말이 끝나자 역시나 질문을 했다.

"왜 그럴 수 없는데?"

그 순간 나는 갑자기 깨달았다. 속임수다. 함정이다. 이모는 또 수학을 하려고 한다. 말도 안 되는 질문을 던져서 우리의 마음에 생각의 불꽃이 튀게 하려는 거다. 저 질문에 답하면 이모는 또 다른 질문을 할 테고 그러다가 결국 '정확하게 생각하는 것이 수학이야라고 하면서 계산으로 들어가겠지. 속임수에 걸려들면 안 돼. 내가 그것을 깨닫자마자 눈을 동그랗게 뜨고 나를 보던 지호도 눈치를 챘다. 우리는 씩 웃으며 이모를 향해 답했다.

"우리 내일까지만 방학해요."

나와 지호가 동시에 똑같이 답했다. 우리도 신기해서 손뼉을 마주쳤다. 옛날에는 방학이 길면 길수록 좋았는데 지금은 아니다. 화장실에 또 무슨 수학이 있는지 궁금하다. 이모랑 놀며 생각하는 것이 즐겁다. 토마아드 탐험대의 다음번 탐험은 뭘까, 이모의 주머니에서 또 무엇이 나올까 그것도 궁금하다. 수학이 많이 좋아진 것은 아직 아니지만, 수학은 아직도 좀 무섭지만, 수가 커지면 머릿속이 하얗게 되고 계산이 틀릴까 봐 겁도 나지만, 그래도 소냐 이모와 함께라면 괜찮을 것 같다. 징검다리를 건너듯 이모의 질문을 딛고 가면 될 거다. 나도 언젠가 이모처럼 좋아하는 도형이 생기고 시키지 않아도 혼자 계산을 하고 있을지도 모른다. 엉뚱한 질문을 던지고 정확하게 생각을 하고 있을지도 모른다. 방학이 막 시작했는데 방학이 어서 끝났으면 좋겠다.

집에서 깨우치는 수학의 원리
화장실 수학 탐험대
❶편: 계산, 부피, 곡선

초판 1쇄 발행　　2023년 3월 17일

지은이　　　박병하
펴낸곳　　　(주)행성비

펴낸이　　　임태주

책임편집　　이윤희
디자인　　　아르케 디자인
그림　　　　유유
마케팅　　　한경화

출판등록번호　　제2010-000208호
주소　　　　경기도 파주시 문발로 119 모퉁이돌 303호
대표전화　　031-8071-5913
팩스　　　　0505-115-5917
이메일　　　hangseongb@naver.com
홈페이지　　www.planetb.co.kr

ISBN　979-11-6471-217-5 (74410)
　　　979-11-6471-216-8 (세트)

※ 이 책은 신저작권법에 따라 보호를 받는 저작물이므로 무단 전재와 무단 복제를 금합니다. 이 책 내용의 일부 또는 전부를 이용하려면 반드시 저작권자와 (주)행성비의 동의를 받아야 합니다.
※ 책값은 뒤표지에 있습니다. 잘못 만들어진 책은 구입하신 서점에서 교환해 드립니다.

행성B는 독자 여러분의 참신한 기획 아이디어와 독창적인 원고를 기다리고 있습니다. hangseongb@naver.com으로 보내 주시면 소중하게 검토하겠습니다.